方成
世纪人生

方成 著

2003.11.27.

人民文学出版社

图书在版编目(CIP)数据

方成世纪人生/方成著.—北京:人民文学出版社,2012
ISBN 978-7-02-009478-3

Ⅰ.①方… Ⅱ.①方… Ⅲ.①方成—自传 Ⅳ.①K825.72

中国版本图书馆 CIP 数据核字(2012)第 209660 号

责任编辑　宋　强　常雪莲
装帧设计　刘　静
责任印制　李　博

出版发行　人民文学出版社
社　　址　北京市朝内大街 166 号
邮政编码　100705
网　　址　http://www.rw-cn.com

印　　刷　北京季蜂印刷有限公司
经　　销　全国新华书店等

字　　数　200 千字
开　　本　720 毫米×1020 毫米　1/16
印　　张　17.75　插页 3
印　　数　1—10000
版　　次　2014 年 5 月北京第 1 版
印　　次　2014 年 5 月第 1 次印刷

书　　号　978-7-02-009478-3
定　　价　33.00 元

如有印装质量问题,请与本社图书销售中心调换。电话:01065233595

自 序

  前几年，朋友就劝我写自传，那时我正忙，没顾得上。但是由于几十年来从事文艺工作，在创作和生活各方面，总会有所感而为读者所关注，这些都值得写出来。最近想到，已届耄耋之年，还是现在写吧。好在都是自己身边的事和自己所想，写起来不难，也就打定主意开始写了。

  我平时画漫画，写杂文，都是评论性的作品。因为写惯了，也想借这种写法，叙中有议，或者借自己的生活阅历，理出对生活的深刻认识。所以我立意由感而发分题来写，既是回忆，又是评论。先交代简历，然后按时序写下去，想到什么写什么。

目 录

自序 / 1

此生无巧不成书

一生简历 / 2

我的创作历程 / 7

无巧不成书 / 12

由不得我 / 17

难忘的画和事 / 20

不关心说政治 / 22

心的解放 / 33

收藏琐记 / 39

难解之谜 / 47

我这个"败家子"

晚成的童年 / 56

败家子的回忆 / 63

从阮玲玉说到左埗头 / 68

我家规矩 / 73

我家权威 / 75

想起老家 / 78

老北京 / 81

市场文化 / 87

老师的名字 / 92

最初的漫画路

黑白社 / 96

四年"黄海" / 102

闯上海 / 110

老话重提 / 117

香港三年 / 122

忆九华径 / 131

与妻子一同走过的日子

深情永记 / 138

值得怀念的生活片段 / 148

深切的怀念 / 154

难忘的三十五年 / 160

下放阳江 / 167

想起"牛棚" / 172

难得一乐

想起厨艺 / 184

忙人·杂家·乐神
　　——钟灵外传 / 188

认识侯宝林 / 192

和侯宝林的交往 / 197

人生一乐 / 202

韩羽和阿达 / 207

探亲记 / 213

偶然得来 / 218

我的自行车 / 223

打油 / 227

忙啥 / 232

从透支开始 / 235

相对说 / 238

二十年成果 / 242

从日记看生活 / 246

脚野 / 251

忙人白话 / 257

在美国 / 260

在美国（第二次）/ 264

画忆平生 / 267

此生无巧不成书

一生简历

在广东省靠珠江口的地方，有个香山县。县里有个村子，叫翠亨村。自从村里出了一位推倒清朝皇帝的革命家孙中山先生后，香山县就改名为中山县，以纪念这位伟大的英雄人物。离翠亨村不远有个左埗头村，现在简称左步村。村子不大，住着欧、孙、阮三大姓人家，其他姓的人很少。我是孙姓人，名叫顺潮。阮姓中有一位早年电影演员，叫阮玲玉，是全国知名的。在抗日战争和解放战争时期，共产党东江纵队有个支队以县中的五桂山为根据地，先和日寇，后和国民党对抗。他们活动在各村子里，白天属白区管，夜间就是他们的天下，一直坚持到全国解放。支队领导人是我们村欧家的，名叫欧初，建国后曾在广州市委任职，记得是位市委书记。县城那时叫石岐，语言近广州话，音调不像广州话说得抑扬有致那么好听。左埗头村属南蓢镇，今名南朗，话说的是闽语系的，和石岐话截然不同。如说"下雨"，北京人听了能吓一跳——音近"着火"！沙溪镇语言也属闽语系，和南蓢话有些不同，例如"吃饭"的"吃"，说法就不一样。以船为家生活的蛋家人，他们说话我就听不懂。

我父亲孙笑平（或绍平），在族里按辈排名"桥芳"，属"芳"字辈的。他在北平（今北京）平绥铁路局任文牍课课员。"平绥"指的是从北平至绥远（今内蒙古），铁路终点站是包头。

听妈说，我出生在北平，从小她带着我和两个弟弟回到南蒗镇左埗头村，"埗头"是小河码头的称呼。小弟弟（五弟）夭亡，大弟弟顺佐比我小两岁。

中山近海，乡间外出打工的人很多。我祖父文达公和伯父润芳我都没见过，他们很早去了美国。祖母、伯母、叔母和她生的堂兄顺蛟和我的大姐顺合住在较大的一座房子，我们一家四人住另一座房子。房子是祖父寄钱盖的，他还买了八十亩田使家人收租为生。叔父霭芳在萌绥铁路上当站长，他和我父亲都寄钱来维持生活。我九岁时，母亲又带我们去北平。我在家（礼路胡同，今西四北头条）附近的铭贤小学插班上四年级。记得学校在西四北不远的帅府胡同（今西四北二条），和平民中学相邻。从小学毕业后，我进入位于祖家街的市立第三中学。一九三三年初中毕业。那时我们家已搬到西四牌楼东的大拐棒胡同一号。我毕业时，父亲被裁失业，带全家回乡下，只留下二哥顺理在北平大学工学院任助教，我投考有宿舍的弘达中学。一九三六年毕业，考上国立武汉大学化学系。一九三七年，发生日本大举入侵的七七事变。我回乡下，向学校请求停学两年，保留学籍，到香港住在舅父家。一九三九年北上入川，到迁往乐山县的母校继续就读。一九四二年毕业，入黄海化学工业研究社任助理研究员。研究社是从天津迁到乐山之南的五通桥镇的。

一九四五年，日本战败投降。一九四六年我辞去"黄海"职务，只身赴上海，改行从事漫画创作，以此为生。我是在学校办壁报两年多学会画漫画的。

一九四七年末，我从上海返中山探亲。此时解放战争已近尾声，因国民党战败，上海白色恐怖加剧，我又去了香港，仍以从事漫画创作为业。一九四九年九月，我回到久别的北平，入《新民报》任美术编辑。一九五一年调到《人民日报》，任文艺部美术组编辑，后转国际部。一九八六年九月，离职休养。

我父亲前妻生二子一女，长子夭亡。前妻早逝后，父亲又娶我母亲。她也是左埗头村人，住在欧族那边。我是母亲所生的长子，有弟妹六人，一弟一妹早夭。二哥在新中国建立后，任长春第一汽车制造厂副总工程师。是留学美国学汽车工业的，曾任长春市副市长。大姐顺合远嫁印尼华侨。如今二人均已去世。弟弟顺佐，因父亲失业只能读到小学毕业，他一直任汽车司机，新中国建立后任北京十三路公共汽车司机，今已退休。大妹顺玉是小学教师，已退休。小弟顺贤（今名孙立）大学毕业后从军任飞机场地勤工程师。小妹顺衍从军复员后在保定气象局工作。他们也退休了。

我在一九五一年和陈今言结婚。她在北京辅仁大学美术系毕业后，任女十二中教师，婚后任《北京日报》美术组负责人（副组长）。在"文化大革命"中因遭批斗，身心被摧残，于一九七七年夏，猝死在同仁医院。一九七八年我和苏继瑛结婚，一九九四年离异。

和陈今言共同生活二十五年，所生三子，均已就业。第三子孙晓纲任《中国少年报》编辑，从事漫画创作。长子继东，次子继红。

我在《人民日报》任职期间，主管漫画组稿、创作和漫画

和父亲、弟弟顺佐（一九五六年）。

方面的通联工作。时值抗美援朝和援越抗美战争，我创作和组织的漫画稿，都是针对作战敌方的政治讽刺画，同时也写与此相关的杂文，因此主要和国际部联系。一九五七年因一篇讽刺教条主义的杂文《过堂》和为袁水拍的讽刺诗配的一幅漫画，均被批为"毒草"，从此一些社会活动被削减。在一九六六年夏开始的"文化大革命"中，仍是这两件作品使我被押进"牛棚"监督劳动达十年之久。"文革"之后，我脱离文艺部美术组转到国际部，直到一九八六年离职休养。

离休后一直和侯宝林共同研究有关幽默理论问题，写文章，出版理论著作，写杂文，画漫画。平均一年出版两本书。

这是我一生经历的简略记录。除此之外，因公出访日本一次，韩国一次，应美国有关方面邀请去过两次。

幽默的艺术

我的创作历程

我从一九四六年下半年开始以漫画为业,画漫画在报纸期刊上发表,至今已有五十多年了。回顾走过的历程,可分三个阶段来总结一下。第一阶段是一九四六年至一九五〇年,第二阶段是一九五〇年至一九六六年夏,第三阶段是一九七六年秋至今。

第一阶段是在旧社会,我初次进入漫画创作行列。那时我已大体掌握连环漫画的艺术技法,对独幅漫画还不熟悉,处于摸索和学习时期,边画边学。所以一开始,主要是用连环漫画投稿。避居香港之时,画逐日连载的连环漫画《康伯》,独幅漫画较成熟的少。记得在一九六〇年,为米谷主编的大型《漫画》杂志所作的连环漫画《美国兵在台湾》和《乔大叔》,是被人认为比较成熟的,被人称许之作。那时我作新闻漫画,向报纸投稿。最早是与钟灵合作达四年之久,然后开始进入创作历程

《赶地摊》
(一九六〇年)

《武大郎开店》——我们掌柜有个脾气，比他高的都不用。

《不要叫"老爷"》——不要叫我"老爷"，叫"公仆"。

的第二阶段。一九五一年进入《人民日报》任专职漫画的编辑，就以新闻漫画为专业。那时期我国正在朝鲜和越南与外国作战，我所画的都是对敌斗争的新闻漫画，和新闻相配合发表在报纸上。在这段时期内，有几年配合政治运动的讽刺画，都是在极"左"路线指导下的作品。及至一九六六年夏到一九七六年秋的"文化大革命"政治运动时期，我已完全失去作画条件，成为政治上的受害者了。在这个阶段之内，我从事的是新闻漫画，其他漫画所作有限。这时我已经开始写杂文，也写相声和喜剧小品。杂文除一九五七年写的《过堂》之外，都是有关国际问题的讽刺性作品。此时我单幅漫画在艺术上已渐成熟，个人艺术风格已明显。初期还和以前一样用钢笔作画，很快改用传统绘画方法，画在宣纸上。又因配合新闻同时发表，作画要求赶时间，必须在三个小时内完成一件作品，由此得到锻炼。

在一九五七年"反右"政治运动之后，人们都不敢画有关国内问题的讽刺画，我也没再画过这种漫画了。及至粉碎"四人帮"，"文化大革命"结束后，中央实行改革开放和宽松些的政策。一九七九年我参加第四次文代会，聆听邓小平同志的祝辞，知道允许画有关国内题材的漫画了。我立即请假创作一批讽刺画，于一九八〇年八月在北京中国美术馆展出。这是新中国成立后第一次出现的个人漫画全国展览。曾在十几个大城市巡回展出，也在香港展览。这次创作完全是有感而发。因创作时间充裕，所以这段时间里创作激情旺盛，艺术构思从容。至今还不断在报刊上发表的《武大郎开店》《神仙也有缺残》《不要叫"老爷"》《钓鱼》等等这几幅画，都是那时画的。有的是自己的亲身感受，如《武大郎开店》《业余档案家》和《告状》。有的是针对当时存在，也是普遍存在的问题，如《终身大事》《娱亲图》《神仙也有缺残》《苦读未悟图》《脑瘤手术》等等，为数更多。这些有关思想、作风和一时的不合理现象，都是平时就想到，也和朋友谈到过的事，自然会用漫画表现出来。例如忌才妒能，干部头脑中的封建思想意识，做官当老爷作风之类，一般人常提到也议论着。有的领导人在开会时还提到"不要当武大郎"这句话。《武大郎开店》曾编成河北梆子剧演出，天津电台广播，我录音了。传闻其他地方如广东也曾编成戏演出过。对官场上的用公款大吃大喝这个不正常的浪费现象至今仍未见减退，更是群众所关注的。国家财产被人吞掉，纳税人很心疼。《一边精打细算，一边送礼吃饭》《不是天灾、胜似天灾》这类的漫画至今创作不断。

在此期间，我开始以传统国画形式作漫画，其中以《神仙也有缺残》看得最明显。后来继续画了百幅，最近都捐给广东中山市了。这种漫画有观赏性，人愿意把画挂在墙上，为我国

《观点不同》
（因立场也不同也）

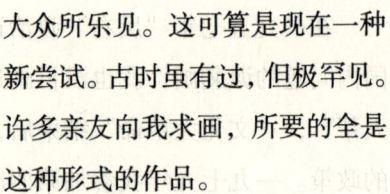

《天在哪里？》

大众所乐见。这可算是现在一种新尝试。古时虽有过，但极罕见。许多亲友向我求画，所要的全是这种形式的作品。

正因作这种形式的画很适于题上打油诗，由此我也开始作起打油诗来，也算是副产品吧。

中国青年出版社出版一本韩树英主编的《通俗哲学》，我为这本书配了一些漫画，都是用漫画图像协助解释哲学理论的。这种画过去我没见过，曾被报刊编辑推崇，作介绍。如《天在哪里？》和《观点不同》是为讲解绝对真理与相对真理的立场不同，观点就不同所作的插图。

我是从一九八六年离职休养的。离职之后，时间全由自己支配，因此除漫画创作之外，又研究漫画理论和幽默理论，写出一批书出版，其中包括七本杂文集。从一九八六年至二〇〇二年的这十六年中，我的画集、理论著作和杂文集以及主编的集子总共有三十二本，平均每年两本。

今后的研究和创作计划集中在两方面，一是用我国传统绘画形式作漫画。这种画说似漫画，也似国画，很受观众喜爱。一是继续写幽默理论的书。我看过许多国内外这方面的理论资料，包括英、美、德、法、苏、西、日等国的百科全书有关译文，以及中外理论家的文章和著作译文，发现其中众说纷纭，而对一些重要问题，例如幽默的根源在哪儿，其艺术特性和艺术方法理论上的原则等等，大都未深入涉及。在这些方面，我有自己的看法，也曾应邀向二十位外国驻华记者讲过。我不仅从事漫画创作，在幽默文艺其他方面，如相声、喜剧小品、杂文、幽默的打油诗、动画等等，我都在创作上参与过。因有些

实践经验，在理论上可能想得周全些，所以将继续深入研究，作通俗阐释。这种创作和研究工作，都有个人独创性，所以做起来兴致很高，虽日夜操劳，并不觉苦累，以至因此减去不少娱乐活动，而以伏案为乐了。我已年逾八十四岁，体质尚健，能跑步追着上公共汽车。估计还能有时间再写几本，为后人留一点值得参考的学术资料。

《习惯成自然》

我所居的宿舍，除厨房、洗手间和很窄的过道之外，只有三间可使用，面积共三十五平方米。因从事研究工作，需看很多书。已有大书柜十几个，装不下许多书，只好堆在桌上、床上、地上。已经住了二十三年。报社正在建二十几层宿舍楼，但未必一定会使我住上。即便如此，我仍然可以在很不利的居住条件下工作。在个人生活上，我是很随便的。我的工作台面是还不到一米宽的折叠桌，作大幅画也在这张桌上，而且已经画了几百件大幅的画了。我是能随遇而安的，虽然心里并未以此为乐，我还没有这样的涵养。

无巧不成书

《国难时期的袜子！》
（一九三九年）

我们广东乡下，人都信神，家家供着各种神祇，也到庙里去烧香磕头。做生意的，连饭铺酒楼也供着《三国演义》里的"关老爷"。外国人也一样，也信他们的神。世界上那么多的人都信神，不会是没道理的。如果我信神，也能用我经历的真事说出道理来。

说考大学吧。一九三六年高中毕业，因为首先想当医生，学医，便投考燕京大学，其次是国立武汉大学和河北工学院。那时各大学招生考试日期有公布，我根据那日期的安排选择投考学校。燕京大学没考取，因两门课不及格，其中一门是智力测验，这且不说。考武大和河北工学院，都考取了，全都靠碰巧。考武大时，因吃中饭被婶母强留，下午迟到，不准入考场。恰好武大请来监考的老师正是我的中学老师，私下放我入场的，否则不能参加考试。我平时只读课本，课外书很少看。有一次偶然看一本科学杂志，有一道物理的数学题很有趣，是用一把卖菜的小秤来测一根很长很粗的铁轨的重量，我看了才知道算法。河北工学院招生试题中恰好有这道题。我不但做出来，还画上插图。录取了，是以备取第一名录取的。显然是这道题帮了大忙。

另一件事，是在一九四九年夏天，那时我在香港九龙村里。因全国将解放，我和端木蕻良、单复三人都作离开九龙的计划，各去筹旅费赴上海。我是决定返上海继续从事漫画工作的。不料吴淞口被沉船堵住，船进不去，只好返回原住处又住了好多天然后决定去北平。那时我再也没钱买船票，就找在永利公司的老朋友寿乐、凌安娜夫妇去借。他们说，有办法找到便船。靠他们夫妇的帮助，我上船了。一上船，就发现端木和单复也在这船上，原来他们是通过组织关系，上到这只船上的。这事我们三人都没料到有这么巧。和我们同乘船的是一批被称为"民主人士"的思想进步的学者、作家们，其中有黄药眠、巴金，可能还有胡风。许多人我不认识。一到北京，对外文委派人迎接，一同安排住在朝阳门内大街孚王府（后是科学出版社）内。

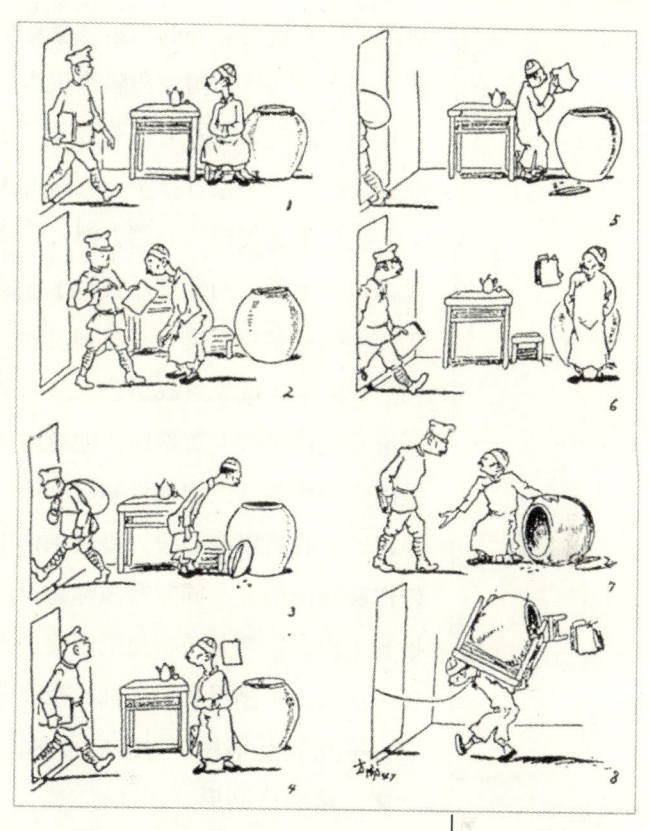

《征粮》
（一九四七年）

对我来说，这是意外的幸运，受到和民主人士同样待遇，还一同参加十月一日开国大典隆重仪式。后经端木介绍，和原《人民日报》文艺部主任王亚平相识。他调入《新民报》任总编辑，准备改组成《北京日报》，我随他入《新民报》任美术编辑。

我记不起怎样去一趟上海。黄嘉音热情地要介绍我和华君武相识，于是，回北京后我带了他的名片和一罐茶叶去见华君武。他一见名片就说："我知道你。"他可能见过《观察》周刊上我的画，或见过我送到北京参加美展的作品。后来他把我调进《人民日报》美术组。他是组长，安排我的工作是只负责漫画方面作画、组织稿件和漫画通联工作。这对我来说，是很幸运的。我可以全心投入漫画工作中，有充裕的条件从事漫画创作和理论研究，同时写国际题材的杂文。其他漫画家在别的报刊工作，主要是负责报纸版面美术设计，画刊头，写美术字和一些杂活，画漫画只能抽空或在业余时间去画。

一九五七年夏，为响应号召，帮助党整风，我写了一篇杂文，是两幕剧形式的《过堂》，又为袁水拍的讽刺诗画了一幅插图。在"反右"政治运动中都被指责为"毒草"，尤其是《过堂》。后来在一九六六年开始的"文化大革命"，看大字报才知道，有人演出《过堂》，都被错划为"右派分子"。我被批得不断作检讨。袁水拍问我："你愿意自己检查，还是大家批判？"我自然愿做检查，写出发表在《人民日报》，因此过关。亏得领导文艺部政治运动的是袁水拍和华君武两位部主任，他们见划"右派"的名额已经够了，可完成任务，就把我放掉没划。如果领导人换成一位以"政治性强"著称的人，我这"右派"是逃不掉的——后来在"文化大革命"中，被"政治性强"者们扣上"漏网右派"帽子，押进"牛棚"监督劳动十年。

一九七六年，"文化大革命"的头头"四人帮"被捕，这次政治运动告终。我立即离开文艺部美术组，转到国际部去，因此得以放手从事新的漫画创作，写新的杂文和从事幽默理论研究。从一九八一年起，至今（二〇〇二年）已出版著作四十多本。在这期间，以评委身份多次参加全国相声竞赛评选和评奖。还参加全国动画评选和全国性的杂文评选（为天津《今晚报》）各一次，漫画评选次数更多。二〇〇一年十一月二十八日，应邀为各国驻京记者（约二十人）讲幽默理论，谈中国人的幽默。

一九九三年二月四日，相声大师侯宝林逝世，十一日《美国之音》记者从华盛顿打电话来，邀我讲侯宝林的艺术，我在电话中讲了二十多分钟。一九九九年写成《侯宝林的幽默》出版。

也是这些年里，开始创作以传统人物画形式作漫画，对漫画这种形式继续加以推广。

这些成果，都是我转到国际部之后，以及离职休养后的收益。原在文艺部美术组工作，受益匪浅。因"文革"时遭劫，在美术组心情不佳，无法继续工作才转到国际部，由此反而得以在工作上顺利展开。如果仍在美术组，不可能给我三四个月假准备开个人漫画展，这是在逆境中转为顺境的一次幸遇。

从一生中这几次巧遇和逆顺的转机可想，倘有宗教思想的人，就很可能以为有神助。尤其是想到一九四七年在上海应聘任广告公司绘图员，如果招聘主持的不是美国人而是中国人，肯定找不到职业和住所，失去作画条件，无法投稿，在上海是难以立足的。

人生一世，难免遇到种种偶然的，无法预料的机遇，其中必有顺有逆。一个人一生的经历，顺逆都归之于想象中神的安排，也很自然。既然在思想中创造出个神来，也自然地会去供奉，希望能继续得到神的保佑和指引。正因有这神的意念，会使人为得神佑，在行为上会有所约束，有所禁忌，这对维持社会安定会有好处的。任何事情都会有利同时也会有弊的一面。例如邪教之为害也由于信神，这是无法避免的。利多害少就有可取，也可求。事在人为。文化教育工作的重要性由此可见。

话说回来，人的一生总会受一些偶然事件的支配，是不可避免的，因此就会出现始料不及的种种经历，人的命运因之有顺逆之分。偶然事件造成巧遇巧合，会造成种种人生悲喜剧和动人心扉的小说与诗歌。俗话说："无巧不成书。"故事、小说和戏剧都是偶然的巧合引发出来的。

由不得我

知道我的人常问:"你是做化工研究的,为什么改行画漫画?"我回答说:"是老天爷定的,由不得我。"

这是玩笑话,却也合乎实情。我虽然爱画,上学时也就会在本子上画画小说中的人物,画孙猴儿、猪八戒、三英战吕布之类。我受信佛的叔父影响,一直想学医。一九三六年高中毕业考燕京大学,想入医预系,没考上,通知是两门课不及格,其中一门是智力测验。智力不及格是不能当医生的,只好考化学系,考上武汉大学,也是准备学制药的。刚读一年,就碰上七七事变,日本大举入侵。学校被迫西迁到四川乐山县。条件自然很艰苦,但课外活动如歌咏、话剧、出壁报等很活跃,我都参加。话剧导演季耿是政治系同学,他会画、会木刻,我们

就成挚交。他年纪大些，生活经历比我多，我常听他的。在他提议下，我们几个人办了个文艺性的壁报。他们看过我的一些画，也知道我在北京"一二·九"爱国学生运动中，在学校负责画宣传画，其中画过漫画，就要我负责漫画专栏。全校同学只有我一人会画，只好在每周一期的壁报上画一幅。漫画我画得少，没经验，下课后到处找题材，想表现方法。壁报办了两年多，我也就学会了一些漫画创作方法。毕业后进了黄海化学工业研究社。这是著名企业家范旭东建立的工业集团中专作研究的机构，其他两个是制碱制酸的永利公司和制盐的久大公司。我做了四年化工研究。虽然一切顺利，但因失恋，受不住那么沉重的精神折磨，夜不能寐，非常痛苦。一九四五年日本战败投降，在四川可以看到上海报纸。因国民党政府腐败至极，报上登的漫画很多，进行讽刺。我自信也能以漫画为业，借此决定远离，便辞去化工研究职务，独自赴早已被称为中国漫画摇篮的上海。因人生地疏，先住在"永久黄"（"永利""久大""黄海"）联合办事处，那里只供夜宿，不能作画。从报上看到一家广告公司招聘绘图员的广告，我急忙去应聘。恰好绘图室主任是美国人，看了我画的漫画，立即聘用。我就有了住处，也可在晚间利用办公室的书桌作画了。后来应《观察》周刊主笔储安平之聘，主办周刊的漫画版，从此在上海立足。

　　看我这些年的生活历程，无一不是偶然机遇把我引向漫画之路的。如果我考上燕京大学，我的经历得重新写。若非失恋，也肯定会从事化工业。又如，在上海招聘的负责人是美国人，知道用漫画做广告很有利。倘是中国人，那时上海广告最兴画美人，我没学过，不会画，绝不会聘用我。连作画地方都没有，生活成问题，在上海我立不住。这一切不都是为"老天爷定的"

这句话作证吗?

由此我想,虽然人的主观意志的作用不能低估,但人生道路,总要受种种偶然性所左右的。个人意志的能量究竟有限。

难忘的画和事

我以漫画为终生事业,开始于一九四六年,至今经历半个世纪了。在新中国建立之前,我在报刊上发表针对国民党反动政权的讽刺画,估计有二百多幅。因时过境迁,所画具体内容,多记不清,但有两幅画是记得很牢的。一幅是政治上错误的画——站在所谓"中间路线"立场评解放战争。此画在《观察》周刊上发表,立即受到好友漫画家余所亚的严正批评,我一直记住的。这幅画在史无前例的"文革"运动中,自然被当做我的一条政治"辫子",以此暴露我的"反动"面目。画虽被抄走示众,下落不明,但有人记住。"文革"已过去二十多年了,至今仍揪住不放,旧事重提,写信在漫画界到处传播,使我记得更牢了。另一幅画因为是在创作中用武抢回来的,也记得住。我初到上海,既无固定收入,又无住所,四处漂泊,靠友人临时安置住处。偶然从报纸的招聘广告上,寻到联合广告公司绘图员的职位,这才算有了固定收入和住处。这家公司很大,绘图室在楼下,我就睡在主任办公室旁边的一间当纸库的房间里,以纸为床。晚上我就在主任办公的桌上作画。主任是美籍犹太人,名叫皮特。那时国民党政权投靠美国,招进大批美国兵。这些兵到处横行霸道。他们在上海欺压中国百姓,中国百姓对此群情激愤。一天晚上,我刚画成一幅标题为《得来全不费工夫》的连环漫画。主任偶然进来,一看这幅画中的

难忘的画和事

《得来全不费工夫》（一九四七年）

墙上贴的纸上，写的是英文"美国兵滚出去！"而不识英文的老人写的，恰好是把这些英文翻译成中文了。

英文，知道是讽刺美国兵的，气得从我背后伸手，把画抢走。没等他撕扯，我抄起桌上放着的啤酒瓶向他冲过去。见形势不妙，他只好乖乖地把画还给了我。为此事该公司总经理把我叫去，将我解雇。这幅画发表在一九四七年十二月二十一日第七期《评论报》上。

不关心说政治

因为在《人民日报》任编辑，画新闻漫画，登了出来，知道方成这名字的人多，有的报刊编辑记者就会来访，一来总要问我的简历。为此我写了这么一段：

方成，不知何许人也，原籍广东省中山县（填表历来如此写法）。但生在北京，说一口北京话。自谓姓方，但其父其子都是姓孙的。非学画者，而以画为业。乃中国美术家协会会员，但宣读论文是在中国化学会。终生从事政治讽刺画，因不关心政治屡受批评。

老实说，我长到身高一米七，还不知道什么是政治。一九三五年，我十七岁，参加北京（当时称北平）组织的"一二·九"学生运动。明知是为反对国民党政府受日本要挟，放弃华北而发起的。几天在校园守夜巡查，防特务军警侵入。白天画政治宣传画，一批批送去北平学联，又参加示威游行，都是积极的。但并没意识到这都是政治运动，只认为是爱国行为。那时我家不在北京，远在内蒙古的叔父听说我参加了，立即命我去他那里。我当初离家上中学时，父亲就告诫：除了上学念书，不许参加社会其他活动。

上了大学，我平时常和说广东话的同乡在一起。高年级老乡宋光遒是公开反对国民党的，在他引导下，我任班代表时，不选国民党三青团的同学进入学生会当代表。这已明显是政治活动，知道了。学校迁四川时，校内党派活动更加明显，我参加"抗战问题研究会"的话剧活动，那是共产党员的组织，我也清楚。三青团的一位同学曾邀我参加他们的一次郊游，我拒绝了，是有意这么做的。但我不参加"抗研会"。对参加政治活动，我没这想法，只想靠近我认为进步的一方，因当时国民党的腐败是显然的。

在离开化工业务，从事漫画创作后，画的是讽刺画，是以身所感，针对国民党政府的讽刺。当时知识分子看的是上海《大公报》和著名的《观察》周刊，政治观点、感受也一样，而总的思想政治趋向是反对国民党的，终于从事拥护共产党，反对国民党的政治斗争。在这期间，左翼文艺家对我的引导起很大作用，特别是漫画家余所亚和作家端木蕻良这二位长者，我和他们同住一起，受教良多。

一九四七年的一组漫画

我虽然画了三年漫画，但还没决定以此为业，所以一九四九年从香港北上，路过天津时，去拜见原在武汉大学任教的南开大学校长吴大任教授，提出想在南大任化学系助教。因来得匆忙，要紧随同伴到北平去，此事未成。经端木蕻良介绍，我随王亚平总编辑入《新民报》任美术编辑。几月后，经华君武推荐，调到《人民日报》编辑部，画新闻漫画，从此我的生活就和政治联得更紧，分不开了。

《人民日报》是共产党中央机关报，同事很多是共产党员。我是美术组中唯一的大学毕业生。学习后知道，我属于资产阶

23

级知识分子，是团结、教育、改造对象。我被评的级别高，仅在组长之下。而级别再低的党员，也均属于帮助、教育我的同志。我向他们学习，听他们的批评规劝。他们对我很友好，除个别人外，至今一如既往。报社里和我相识的领导同志对我很尊重、爱护，日常过往的人，包括许多职工，对我都很好。

从在《新民报》时起，我就对开会没兴趣。建国前我在化工研究社和工厂四年，一次会都没开过，工作很正常，同事关系挺好，想不起去干什么坏事，一直是正经的。现在每周都规定几个下午不工作，改为学习。对学习课程如《毛泽东选集》和政治经济学、社会发展史等几部"干部必读"书，我学习热情很高，用不着催的。但规定集体学，在一起看书、讨论，而且后来常是一个人念，大家听，然后讨论，轮流发言。开始还谈些有关的话，随后闲扯，扯到下班时散会，我就厌烦。时常有生活会，彼此提意见，有时还有对某一位同志的批评会。有什么政治事件发生，也开会。政治运动一来，会就更多。即使在这种情况下，我在业余时间，除了必须为别的杂志如《漫画》或报纸作画之外，都是看书本自学，还不断做笔记，笔记本记满许多。已为《毛选》四卷和《鲁迅全集》作了自用的索引。还想为《列宁选集》和马恩选集作索引，动手一段，没继续下去。《毛选》索引没做完。对于学习我一向是用功的，虽然没什么值得一提的成绩。

从多年感受所觉，政治上必须遵守的第一条，就是对共产党全心全意地服从。常说是："听党的话"，"按党的指示办事"，也就是忠于党。如有疑问或想不通的问题，应向领导或党员说出来。对自己的思想改造我也是用功的，一直把自己当成改造对象，接受改造，把过去许多想法认为是落后的，应该破除的了。于是就全心倾向所学习的知识，和过去的我告别。

《法外之法》
（一九四七年）

自己只需按所学的去思考，去改造，接受新知识新思想。我又胆小，很听话，很顺从。但究竟在旧社会生活三十年，过去的一些想法还很顽固，改不掉，那就是遇事常先想到自己。在抗美援朝初期，《新民报》编辑部的同志纷纷报名参军，我不报，向领导说："我走不开，我妹妹刚从香港来（是舅父送来的），她很小，正上初中一年级，全靠我一人照料。"领导也没说什么。

在学习时，批判个人奋斗思想，我就想不通，可没敢说出来。几十年前，我是靠努力求学才考上大学的。上大学一年级还得过全班唯一的一份奖学金。毕业后，在研究工作中也是勤学努力做的，尤其是独身赴上海改业从事漫画工作，都处处奋力，肯下大工夫干的。因此才能在社会上立足，学得有用的知识和技能，这显然是从个人奋斗得来。我想，不去奋斗，哪里会有成果？人生在社会中，首先考虑的是生存，要吃饭，为此不得不去奋斗。也许会有人为了什么革命事业，首先要求自己为集体去奋斗，这种情况并非普遍存在，但因此而要求每个人都和他一样才是对的，这不是过分要求吗？在批判个人奋斗时，其结果恐怕是使人不再去奋斗，不再勤于业务。但仅如此未必会培养出集体主义思想来。而人不去奋斗，不敢再专心去钻研业务，我想不出有什么好处，对集体、对社会有益。个人为业务去奋斗，怎么就会必然产生个人主义，有害于集体呢？我真想不通。以后我还想到，资本主义国家里那么多学者和发明家，创造出的科学技术成就，总不能说是集体思想造成的结果，而创造、发明的电灯电话、汽车、飞机，我们不是也用上了为人民服务吗？他们的奋斗，性质上只能说是个人奋斗，所创造出的成果则是全人类共享的。对于社会主义国家来说，个人奋斗的成果也同样能为集体服务。至于个人主义思想，只能用其他方法去纠正、去改变。硬把个人奋斗与个人主义联在一起来批判，我想不出道理何在，会有什么好处。也许因为有人努力钻研业务，被认为是把政治学习荒疏了。不利于思想改造。作为改造别人的某些领导学习的党员，会想把那些人的钻研重点改变过来，才发明批判个人奋斗的运动，以为人都不去努力钻研业务，就会努力去学政治，改造思想。

有人批判我社会关系复杂，一则因为我有几位舅父生活在香港，二则因为我交往的人多，在文艺界有许多朋友，同学又分处各地，还有旧社会中结交的同事等等。交往的人多，很不容易查清他们的"政治面貌"，特别是对住在香港的人更难去查，因而对我的思想作风以及政治倾向，就不易辨认清楚，自然不放心。还有人批评，说我交往人多，是旧社会流传的一句俗谚"在家靠父母，在外靠朋友"，是为个人"多一个朋友多一条路"，是旧社会的为个人谋出路的非无产阶级思想，必须批判。我想他的意思是应该依靠党组织，依靠同志。

但这和我自己从生活经验之所悟有所不同。尤其是当我辞去化工研究职务，赴上海另谋职业时所感受朋友对我的帮助。没有他们，我很难在上海立足。虽然这些朋友中大都是思想进步的，也有同志之谊，但只选同志者交往，不及其他，也不现实。当时我没有这样的想法，而因有所依靠而获益。我的工作成绩，和他们的助力是分不开的。

我离开原来工作单位之后，一直和以前的同事朋友关系不断，至今不变。住得近的照旧来往，离得远的书信往还。我出差到外地，就会去拜访，他们来北京也会一临舍下。一九九二年我应邀赴美国，顺便探亲访友，就是住在他们家里，受他们款待的。他们都不是共产党员，我没喊他们叫"同志"，可都是正派、高尚的人，与他们交往有益无害。

我也写评论、写杂文，研究一些文艺理论，研究相声和动

> 在新闻纪录片里我没见过希特勒笑过，我想他是难得一笑的，也许根本不会笑，因此犹太人便遭殃，德国人也受害……什么时候老百姓都可以随意笑起来，常笑，世界就太平多了。

画等等，就和文学界、相声界、音乐和戏剧界的朋友交往，相识。相交往的人更多，其中也有不少共产党员。在交往中，他们对我在政治思想和业务上都有帮助。我还是"在外靠朋友"的。当然在很大程度上靠党组织，两者并不矛盾，何况朋友之中，有很多是共产党员，他们对我的帮助，我是不忘的。个别共产党员因故离开党组织，但是他们的高尚品质我还是敬佩的。

和我同事的一些党员，我很熟悉。他们之间除极个别者外，都对我好，我们之间一直是相处融洽的。我见他们之间，在工作中有交往，但没发现他们之间在生活上有什么深交，离退休之后，也未见他们之间有什么交往，真像俗语中的"君子之交淡如水"。我的老习惯仍然是有说有笑地和朋友在一起，也喝喝茶，在一起吃饭、喝酒，但和"酒肉朋友"的贬义词是沾不上的。钟灵、韩羽、侯宝林都是我的酒友，更是知交和益友，也是良师。在政治上我们都没出什么错——在政治运动这种非正常情况下出的错不算在内，只造成良心不安，不受处分，也未因此受指责。我们都是主要因业务而相交相处的，深交则因人品相近，政治上不相悖。

在钟灵和今言的鼓励下，我写过入党的申请，因条件不足未被接纳。说来可笑，我的申请是写在一个看来颇精致的小本子上的，交给党小组长。有一天我提到这个小本子时，他说："丢了！"后来看过一些共产党领导人和烈士的历史，更觉不足之甚，政治思想差得太远，不再妄想。

我许多亲友是党员，妻子陈今言也是党员，他们都是很正派、令人敬佩的。因此我很想努力学习，希望能成为和他们一样的先进人物。这恐怕也是许多知识分子的想法。在我所处的环境里，更容易有这种进步的要求。后来经过几次政治运动，又看到几次政治上的波折，感到要做一个名副其实的共产党员，那是很难做到的。我自觉没有这种胆识，也就不再去想了。自从离职休养后，我全心投入到艺术创作和理论研究上，认为这样做下去，对社会也很有利，可以自我满足了。

我在《人民日报》任编辑。《人民日报》是共产党中央机关报，各部门领导都是党员。职工，尤其是编辑部和行政部门中，党员很多，政治空气自然谁都感觉到的。平时政治学习不断，谁能不关心政治呢？在同志间的评议中，就有政治性强弱之分。我不是党员，在别人眼中，是属于政治性弱的，又被称为资产阶级知识分子，是团结、教育和改造的对象。在政治运动中，自然是学习和受教育的重点，而表现积极的，会被誉为政治性强者。一九五七年，领导鼓励"大鸣大放"，我写了很长的一张大字报，贴在墙上，批评的是报纸新闻报道写得太长。这是业务上的事，和政治沾不上。但在谈到漫画作品难于通过审查时，说因为审稿人多，对漫画艺术理解的少，各有说法，不一致，难于通过。我用一句比喻式的话说："婆婆多。"于是便成"罪"状。因为把审稿的领导说成"婆婆"，就是把自己说成是受气的小媳妇，自然是对党不满。袁水拍写一首讽刺某领导官员的诗，我配了一幅插图，又是一个"罪"状，因为讽刺领导，领导是党员，就是对党不满。更大的"罪"状是我写了一篇讽刺教条主义的杂文《过堂》，这可了不得！这被认为是把党的领导人都说成是教条主义者，就是"反党"！"反党"就是"右派"。可能因为部里划为"右派分子"的人数已经达到中央所规定的数额，这"右派分子"的帽子没扣在我头上（《过堂》一文，后来收入百花文艺出版社出版的《中国杂文大观》第三册）。

为这"罪"状，我虽然作了检讨，承认错误，登在《人民日报》上公之于众，但已成为终生磨不灭的污点，早已记录在政治性强者的账本里。一九六六年夏，又来一次规模更大的政治运动

"无产阶级文化大革命",又一次把我揪了出来,押进"牛棚"监督劳动,继之入"五七干校",监督劳改十年之久。一度被逐出北京,全家户口迁到河南叶县农村,整得家破人亡。

　　这也怪我。明知自己不懂那种政治,偏要去参加政治斗争,想提高自己的政治性。立即受到反击。在这种政治斗争中,使用的斗争武器是所谓"上纲""上线"。"上纲"上的是"反共""反党""反社会主义""反革命"。在一九五七年给我上的"纲"记得就是"对党不满""反党"。开始我还不会使用"上纲",后来见对方的大字报,我才知道"上纲"的意义。我看到给我上的"纲",除了报纸上常见的那些之外,还有以前闻所未闻的几条:

　　一是"为右派翻案",是"反党"罪证。根据是,我写的一本记得叫《漫画常识》里,登了一幅无署名的漫画,这幅画的作者是李滨声。我早写的这本书,将出版时,李滨声被划为"右派分子"。出版社编辑问我,对他的画如何处理,是否删去。我是借这幅画讲幽默运用的,这幅画一删掉,文字必须也删。一时想不出挽救办法,就主张画仍可用,只把作者名字删去,就画论画,书出版了。可见我真的不懂政治,被人抓住把柄,以此被"上纲""为右派翻案"。

　　二是"想办同仁刊物"。不久前,文化部长老党员周扬在一次会上,提倡文艺界办同仁刊物。很快被更高级领导否定了,谁也没去办。会后有一天,《北京日报》编辑刘波泳见到我,说他响应党的号召,要办同仁刊物,约我为他画漫画。对老朋友自然就说"好吧"。就这两个字的话,也被"上纲"为"反党"罪证。

　　三是从一九五〇年开始,我一直是和钟灵合作漫画的,后来自己会画了,就把钟灵"一脚踢开",自己个人画,表明我

与钟灵合作的画

杜勒斯："老兄此行收获如何？"
艾森豪威尔："不少，你呢？"
杜勒斯："我也是。"

灵魂之卑鄙。

钟灵是我好友，我们一直合作画漫画。我宿舍在东华门万庆馆胡同一号，他在政务院任职，住在中南海内，两家相距也就骑车走约二十分钟。我是去他家共同作画至深夜，住一宿的。四年后，我宿舍迁至天桥附近永安路，他家迁到后海北官房胡同，两家一南一北，相距二三十公里，再去他家很不方便。那时我们两人常拜访老画家许麐庐先生，他教我们国画。钟灵迷上国画，也无心再画漫画了。虽然我们也偶然合作，例如为邓拓的诗文集画封面，但已极少。后来钟灵一听说"一脚踢开"这种污蔑性的四个字，气得对那写的人骂起来。

四是我在新中国建立前就"反共"。根据是我在上海《观察》周刊，画了一幅反内战的漫画，立场没站在共产党方面，也没站在国民党方面。当时就受过老漫画家余所亚兄的批评。那时我画的几百幅漫画都是针对国民党政权的讽刺画，在香港避居时，参加共产党的外围组织"人间画会"，作画全是反对国民党，拥护共产党的。只凭那一幅画就定为"反共"。"攻其一点，不及其余"，按当时情况已是普遍使用的评法了，可以"上纲"的。这也属于政治上一个永不消失的污点，一到政治运动就会旧账重提的。

使我难忘的,是附带的一段,说的是我在建国后因工作受到党和政府的一些优厚待遇,参加过一般编辑不可得的聚会,出人头地了,一帆风顺了,如今,"只欠一张党票"啦。这明显是从我的一次入党申请书而言。看了这句话,当时的心理反应是应立刻把这申请书要回来。

看了这种"上纲"的大字报,我更明白"上纲"的含义,于是也学着"上纲"。究竟政治性弱,所上的"纲"都是从报纸上抄来的,如"进行资本主义复辟罪恶活动""执行文艺黑线""走资本主义道路""宣传资产阶级封建主义作品""反对为工农兵服务""散布资产阶级、修正主义、封建主义的毒素"等等。

很早我对"资本主义复辟"这句话不明白,去查过词典,看"复辟"条,上面写的是:"失位的君主复位。泛指被推翻的统治者恢复原有的地位或被消灭的制度复活。"我学习时,看书上写的是我国资本主义很弱,从来没掌过权建立资本主义统治地位,怎么说"资本主义复辟"呢?但也照样抄这几个字,拿来"上纲"了。

当时报社被揪出批斗的,除有严重历史问题的个别人外,都是任领导的党员,我不是党员,不是领导,也说不上有什么严重历史问题,怎么也和当权的领导一同被揪出批斗呢?其实我也没什么可批斗的,批的次数只记得一次,批的也没几句话。原因开始是两张没什么根据及互相矛盾的大字报。一张上写的是:我在一九五七年之所以没划为"右派",是胡乔木保的;另一张上写的是:我没划为"右派",胡乔木知道了,曾批评说,应该划!

有一天,"造反派"把中央书记处书记胡乔木揪来报社批斗。我和大家在会上坐定,只见有人在座后把一张纸条,递给

在"文革"时叫得最响的一个口号是"兴无灭资"。我曾想,如果谁妄想把沾点"资味"的,不论好坏全灭掉,也把身上所有资本主义国家的发明和产品彻底灭掉,他得把眼镜、假牙、西式裤子、"洋"袜子、皮鞋、圆珠笔、助听器、手帕、手表……通通抛弃,再看他身上还有什么。

前座的人，再依次往前排继续传到前面去，传到主持人手里。他当场念出纸条上的字,写的是胡乔木是我方成的后台支持者。群众听了大吼一声，把我揪上台去，摆出"喷气式"姿态陪斗。然后逼我去劳动，押进"牛棚"。当时我就想到，居然会利用不可靠的大字报，又利用批斗胡乔木的场合，干出这种整人的事，只有心机之险和仇恨之深的人才做得出来。这是政治运动中积极分子的一种表现。

在押进"牛棚"之前，有人就带人来我宿舍抄家，面孔是熟悉的，当时对我说的话，和说话时的神态和口气，以及翻箱倒柜的搜索，我是很难忘的。来抄家的记得还有三四批，人我也认识，什么东西都没动，说话语气也平常，因为我们熟识，都是工厂里的青年工人。

那次翻箱倒柜地搜集书信笔记之类时，陈今言正在家，她见了这种情况，感到恐惧不安,常睡中惊醒,以为抄家的又来了。

一九七〇年，把我家人户口迁出北京，在河南叶县刘店村落户。一九七二年，奉命将户口迁回北京。仍发往干校。我坚持安排宿舍，把行李家具从报社仓库取回来。终于安排在东城区南阳胡同一号院中一间不见日光的两间平房里。"文革"后期，我回到美术组，做行政性质工作，贴剪报资料。

有人说，以后不会再发生这类的政治运动了。我说，很难如此断定。因为在"四人帮"时得势的人还在，其中会有人手里还保存着可利用的资料呢。季羡林在《沧桑十年》一书的序中提到："这一小撮人，虽然当年被划为'三类分子'，而今却一变而飞黄腾达，有的竟官据要津了。"则更令人担忧。

目前正实行改革开放政策，经济方面的改革，已取得令人瞩目的好成绩。希望继续遵照邓小平理论，建设社会主义的新中国。改革事业成功，可避免那种对国家对人民不利的政治运动。

《钓鱼》——从你们工厂一开工，河里就剩这一种鱼啦！

心 的 解 放

　　早年北京胡同里多的是四合院：东南西北四面房子，中间是个院子。坐北向南的是北房，也是正房，对面是太阳照不到的南房，两边的是东西厢房。《西厢记》讲的是发生在西厢房里的故事。大门都是两扇，门上刻着对联，最常见的是："忠厚传家久，诗书继世长。"我们家一直是租房子住的，看有更合适的，就租来，搬过去住，很可能门上有过这样的对联。因为很少住得长久，那么"忠厚传家久"就是文不符实的——人不敢自诩忠厚，没长住下去更不能说久。"诗书继世长"更不对，我祖父就识字不算多，父亲虽然字写得工整，书没念多少，而他只看小报，不看书，家里没见有书的。我们小时上学，才有几个课本，不属于"诗书"里的书。

　　我父亲是铁路局里的小科员，上班就是写公文，抄公文，一旦被辞退，就很难找到工作，所以平时勤勤恳恳，按时上下班，规矩得很。由此养成胆小、怕事的一种自卑心理。自然也会带来某种神迷思想，盼望有什么神灵的保佑。对于子女后代的要求，就可能是提高生活能力，长本事，提高社会地位，在行动上保持稳妥，避免外界的冲击，缓和与他人间的矛盾。这是处于小市民地位的人的一种心理状态和教育思想。为了使后代接受这种教育，首先要求是"听话"。你教但对方不听，不是白费劲吗？我们自幼从大人口中常听到的，恐怕毫无例外，

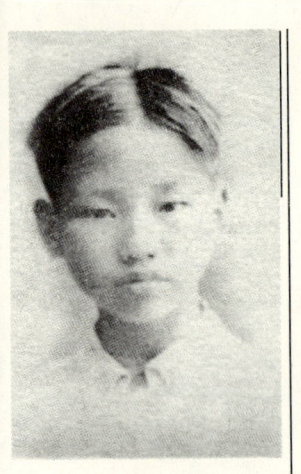

我在初中一年级时。初次留小分头（一九三一年）。

就是"听话"这两个字。如果被教的不听，或不认真地听，最简单易行的办法就是威胁，使用强迫办法，以至于动用"家法"。因此，"挨打"就成为一般孩子们所畏惧的一句话了。在我国目前社会条件下，有多少当家长的懂得什么儿童教育原理，不用简易方法教孩子呢？另一种简易方法是使用胡萝卜政策，用利诱来对付不听话的。要啥给啥，使之听话。现在从大街上，尤其是在人家里就能常见，由此才会养成一批"小祖宗"来。我们家孩子多，打几下不算什么，是用打和吓教出规矩的。我父亲是很和气的，只是对不听话的孩子打起来却不留情。

我上中小学时候没和同学打过架，因为我不敢不听话，个子又瘦小，不是打架的材料。把别人打哭了，自己也会在家里挨打；自己被打哭了，回家至少挨说："谁让你也去惹事！""该！"上到高中，因为打球，练双杠，赛跑，身上才长了点肉，筋强骨壮了，但这时一心用功考大学，不会去惹事。一九三五年参加"一二·九"爱国学生运动，那时我家已经不在北平，管不住我。后来和人动手，那是早已远离家门，完全可以自主时的事了。

但小时候的家教，在我头脑里还是起一点作用的。从好的方面说，是规规矩矩，学习做事能比较踏实，安分守己，在这方面不惹事，不想犯什么规。上学不迟到，不旷课，笔记抄得下功夫。参加工作，也同样规规矩矩，不偷懒，不惹事。因为从事科学工作，对象是无知觉的各种物质，只需按书本和各种有关资料上规定的条理去做，不必动复杂的脑筋去想，没什么私心杂念可动的。

后来改行画漫画，世事就显得渐渐复杂起来。开始时，虽有感觉，但因为大家在一起，都是反对国民党政权的，志同道合，关系不复杂。可后来就不同了。

常听人说，在文章里也常见的一句话"世风日下，人心不古"，现在看来，是有合乎事实的道理的。远古时代，人口不多，生产很原始，人人都日出而作，日入而息，各干各的，互不干扰，不会有什么矛盾发生，人都过得很自在。社会发展，生产方式进步，有市场交换，货币流通，人的头脑就复杂起来，不会像远古时代的人那么单纯质朴，那么与世无争了。因此给人造成"世风日下"，和纯朴老实的古人比起来，就显出"人心不古"，这不是明显的吗？

从现在看来，农村的人要比城市里的人老实，也就是头脑没这么复杂。在农村种地，你种你的，我种我的，收割后交公粮，纳规定的税，顶多卖些农产品手工制品之类，大家一样，相互之间能有多少矛盾，要动动脑筋的呢？城市里的人，谋生手段、方式就复杂得多，特别是经商的，头脑总是得计算着。在机关工作，特别是当个大大小小官儿的，个个想往上爬，什么办法、手段都有。拍马屁不就是由此而造成的吗？拍马屁得动动脑筋，而且也越来越复杂的。大城市，经济和各方面发展，因而要比小些的城市人际关系要复杂些，和农村相比更是相差得远。农村人被城市人视为"土老帽"，小城市的人到大城市里，也难免有"土老帽"的评语。这是头脑活动上造成的差距。实际上都是受生活环境影响，也就是社会影响。

新中国建立后，我的工作对象是通过报刊向着人，向着与人相关的种种环境。开始也不很复杂，我作画、写文章，歌颂新社会的成就，反对战场上的敌人和各种敌对势力。后来连自己也和自己的头脑清算起来。人有"左中右"和"进步""落后"之别，再加上几次政治运动，世事更加复杂了，一会儿你攻我，一会儿我攻你。我在旧社会受教育，成了"资产阶级知识分子"，成为被人团结、教育和改造的对象。重新受教育，还是从"听话"开始。这是听党的话,按党的指示办事。好在我从小受的"听话"教育虽然和现在的不同,但也有一点的相近处。不幸的是小时候的"听话"教育不许惹事,因而变成胆小、怕事的懦弱性格,不善于随机应变,头脑呆滞不灵,因而做出使自己悔愧一生的事。一九五一年,我二舅从香港来,把我的小妹妹带给我照料。我的领导曾多次问我:"他说过什么话,去过什么地方?"还要我随时注意他的活动,提高警惕。那时候对来自海外的人,总是怀疑,恐是特务。我和舅父相处多年,明知他和国民党之辈毫无联系,对政治毫无兴趣,但经领导指点,使我和舅舅之间造成小小的隔阂,不敢和他多说话。不久,我大舅的女儿,也就是我表妹来考学校。她从香港来,我不敢在家接待,让她去住旅馆,也不敢约她在我家吃饭。我在大舅家住过三年,连我父亲、兄弟都在他家长住过,表妹从小时候起就是我教她做功课,也相处多年,是很亲近的了,我竟如此对待她,心里一直是抱愧的。我明知很对不起她和舅父一家,但还是不敢越过一定界限。后来为这件事曾多次向我的表弟妹们作解释和道歉,说明我国当时"受帝国主义和国民党政权包围和破坏",因而造成这种异乎常情常态的情况。诗人考诚(召绪)是我同学好友,居过同村,经常交往的。一九五七年他被划为"右派分子",我再也不敢和他一家来往。一天在路上相遇,向我借几元钱。我明知他遭劫后生活很困难,只偷偷按他所求给了他,不敢多一元钱,因为他已是"敌人",虽然我一点也不知道他是怎样向党进攻的。还有老朋友季耿,也是划为"右派"的,我再也不敢和他来往。他被下放到赤峰铜矿劳动时,路过北京,要我替他把一张国债券换成现金。我也知道他的生活困难,体质也很弱,只是按时价换钱给他,不敢接济。一位幼时朋友欧阳斌在"三反""五反"中被当成打击对象,因退款不足，他妻子来求我帮助，我竟拒绝。这些亏心、对不起亲友的事，在我心中一直是沉重的块垒，使我终生不安。名义上是"站稳遵命立场""划清敌我界限"，实际上为了自保的私心。那时候我还没有想到申请入党，但也在追求进步，和想提高自己的社会地位相关，和胆小怕惹事的心理是相通的。为了自保，向上爬，缺德事是干得出来的。

我想起老漫画家张文元先生来。他被划为"右派"，下放到宁夏劳动，后来"右派帽子"摘掉了，他来北京，我和米谷、江有生几个老朋友为他设宴接风。一位党小组长知道了，说我立场有问题。我说："他已经'摘了帽'，不是敌人了。"他说，"摘了帽"也还是"右派"的，要我从政治思想上分析。我虽然没想通，但对他的政治上的坚定还是表示肯定的。

我在《新民报》时，画了连载的儿童诗画《王小青》。一九五一年，工人出版社出版成集。当年被中国人民保卫儿童全国委员会评为二等奖，由宋庆龄副主席颁奖。通知我去领奖时，我向领导请示，问可不可以去。领导说："随你便。"我看他不像有鼓励去的意思，我不敢去了，仍去上班，他也没再问。后来由袁水拍同志把奖金领回给我。这件事我后悔了，引为一大憾事。那时候谁不想见见被人尊敬的，以前尊为国母的伟大女性宋庆龄先生啊！而且又有从她手里接受奖励的荣耀！我没见过她，这次因胆小怕事坐失良机，只能怪自己在领导面前如此谨小慎微，以至失去理智了。

这件事使我回想起新中国成立前我在黄海化工研究社时的两件事。有一次下暴雨，院子里积水几尺深，我和几个年轻人脱了衣裳在水中嬉戏时，被孙社长看见，把我召去，批评说："这样的暴雨成灾，一定有不少人受害，想到他们，不应该高高兴兴只顾自己去玩的。"社长是很仁厚的长者，说这话有理，对年轻人有好处，使我们有对群众关心之意。我哪里懂得他的心意，而是觉得批评伤了我面子，很生气！立刻反唇顶撞。他很宽厚，没在意。

还有一次，我被调去永利川厂，在新开的碱厂任技术员，受工程师刘嘉树指挥。一上班，一切都听他调遣，事事服从；一下了班，就觉得自己和他一样，喊他"老刘"，随便得很。我在学校受的是西方式的教育，接近的是西方留学的教授，很向往个人自由，自尊心强。我认为上班做工受人支使是因为工作，下了班大家一样是自由的人，没什么高低之分。有一天，我为工作安排方便，设计了一些小木牌，挂在办公室墙上。刘工程师不知道，有一次不知和谁大发脾气，摔东西，连我设计的木牌也被他扯下扔掉。这时我在场，一见大怒，几步跑出办公室，把门使劲摔一下。被他看见。后来他问明这牌子是我的，一下班直向我道歉。我们一直友好，常上他家。新中国成立后听说他在大连化工厂任总工程师。

新中国成立后，经过学习、教育，知道自己是"资产阶级知识分子"，是接受教育和改造对象，变得自卑起来，暴露出原来胆小怕事的懦弱性格。不会去独立思考，"听话"时一切照办，自己不动脑筋，因为我的思想是该受批评的。在一九五七年"反右运动"中，不会想到合不合乎宪法，治罪是不是该有法律依据，需不需经过法庭审判程序，更想不到辩护的问题。一切都不敢去自己想想。从新中国成立直到"文化大革命"时，我的思想状况都是这样的。在"文革"时被人侮辱也只会低头，还昧着良心认"罪"，不敢有任何抗拒之意。明知自己无过，也得忍受辱骂和体罚，人的尊严丧尽！改革开放后，头脑才开始活动起来，才会用自己头脑去想，会分析判断了。这时才有解放之感，好不容易啊！

收藏琐记

亲友之间，互相馈赠，已是人情之常，哪国都一样。有没有开口向亲友要的呢？自然也有，比如说，下厨房炒菜，正要加点醋，拿起瓶子一看，是空的，忘买了。这时就会去敲敲邻居的门，向他们要一点，连"借"字都不需说的。除此之外，通常所见最多的，是看见亲友会画，开口向他要一幅，在家里挂挂，则很平常。这是我们中国素来就有的事。我问过日本朋友，他说：现在日本没有的。英美国家恐怕也没有。有美国朋友见我的画向我说："我想买一幅，可以吗？"我说："当然可以。""多少钱？""给两块钱吧。"实际是送给他，他也明白。

不过，早先我却没想过向人要画。关山月先生是同乡，从一九四二年就相识，多年交往，从未想起向他要一幅。后来和别人一道，才随着向画家朋友求画。我最早得到的一幅画，不是求来的。一九四三年，我在四川五通桥黄海化学工业研究社当助理研究员。有一天，我正在实验室工作时，忽然见到社长陪着一位身材魁梧的人

二〇〇一在家乡中山县。左起：郑集思、田原、金定植、方成、孙顺衍、孙顺玉、杨维。

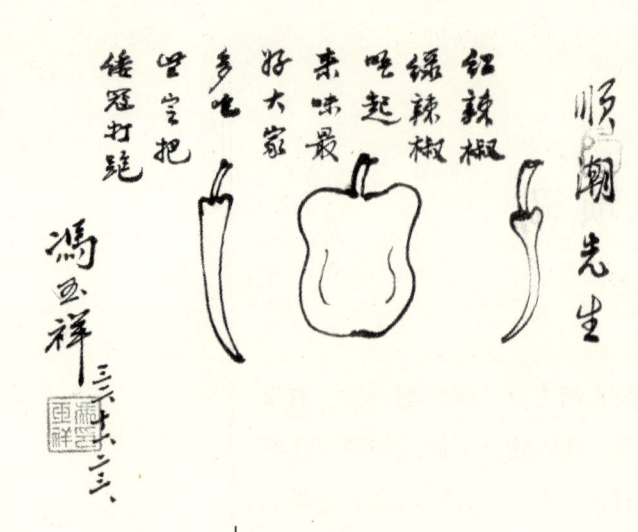

红辣椒
绿辣椒
吃起来味最好
大家多吃
莫把锤冠打跛

顺卿先生

冯玉祥 三十共三

冯玉祥将军之画

来参观，永利公司刘学义工程师也陪着。看来客面熟，很像冯玉祥将军。走近前看，是他。他的照片我在报刊上见过。我急忙找张纸跟上去，画了他的速写像。他面部特点分明，也因为见过他的照片，很快就画成了。刘学义先生和我二哥同学，是熟识的。过后他看了这张速写像，说最好送给冯将军。他说冯将军是他义父，可以领我去见。晚上，我们两个人一同到盐务局招待所——这是当地最高级的住处——去看望冯将军。他正在灯下写什么，看了我画的速写像很高兴，笑着说："你给我画一张，我也给你画一张。"说着，就拿起笔来。他桌上文房四宝齐备，还有作画颜料，宣纸也是现成的，想必是他正准备写或画什么的。我们在旁看着他在纸上画三个辣椒，着上颜色，然后在上面题一首短诗。他来川西一带是为抗日战争募集捐款的，到处演讲。我想，他作画或写什么也是为此而来，所以桌上随时有纸墨笔砚和颜料准备着。收到他送的画，我非常高兴，向他致谢。

在"文化大革命"中，关山月在我家为我画的一幅《梅花》和漫画前辈叶浅予先生为我画的一大幅《长鼓舞》，都被烧掉。冯将军这幅画我夹在书里没被人发现才保存下来。有一年我在西安看望赵望云和石鲁两位画家，就没想到向他们求画。那时我们谈得高兴，画具也都在桌上，想求一幅是不难的。因为我们是画界同行，同行之间彼此赠画都是常事。"文革"前后，我和钟灵常拜访许麐庐先生，他教我们画，高兴了立即挥笔作画送给我们。他还喜欢一边喝酒一边画，送我的画不少，不需开口要的。

"文革"后期，报社"造反派"和"左"家的管得不严，可以想办法外出。一九七五年，我去了趟南京，住在田原兄家。他带我去见亚明兄，江苏画院的一位领导，我认识的。他好客，又潇洒不拘，在一起很随便。田原建议我给他画速写像，画了送他。然后田原替我向他求一幅画，他很慷慨，拿起笔就画了，题上款相赠。接着几天，他又带我去上海看望老画家朱屺瞻先生，也替我向他求画。那时他已年逾古稀。老人家初次见我，知道我是画界同行，也立即画起来，题款相赠。不久前钟灵和我两个人曾去拜访过北方名家王雪涛先生，向他求过画。他为我们各画一幅梅花相赠。我知道老画家有各自画熟了的题材，便向王老求一幅十分钟画出的速写。他蘸墨挥笔，立时画成一小幅玉簪花，墨色浓淡相间，笔意舒畅自然，美极了。后来被他一位学生看见，要用三幅画来换，我当然舍不得。如今见朱老求画，也请他画一幅十分钟的小画，使我又获一件精品。接着田原又带我去拜访岭南派画家黄幻吾先生。他得知我和他是广东同乡，分外热情，不仅摆出许多幅已画成的花鸟画容我选取，还请我们两个人在他家里享一顿美餐。几年之后，在广

叶浅予先生送我的第三件作品

州向广州画院院长林墉先生求画时，也是同样慷慨解囊，让我从许多作品中自选的。田原和大书法家林散之很熟识，还很要好，也请林老为我作书法一帧。看他运笔聚精会神的姿态，仿佛是用刀刻那样，把气力聚集在笔尖上，字写出来，飘逸中，显豪气，真美。田原见了，就把林老的神情姿态画了下来。

正是因为在"文化大革命"中，知识分子和书画家们受折磨，心情苦恼烦闷，在家又无事可做；"文革"后期势已颓危，画家们紧张心态得以松弛下来，就乐于接见同行画友，一舒块垒，也乐于为之作书画相赠。我早仰慕关良和唐云墨宝，但我与他们从无交往，就拜托漫画老友余白墅先生设法求来。可惜白墅兄不幸早逝，未能向他面谢。程十发先生送我的画也是白墅兄代我求来的。程先生我见过一次，因是初识，不便启齿有所求。后来我们两个人去苏州看望费新我先生。他一人正在家里书写，地上堆着许多成张的、上面写着字的宣纸。见我们来，笑着打招呼。我是初来之客，田是书法家，他们是熟识的，他们谈得投机，自然开口求墨宝。费老为我写了四幅之多，回家时珍藏夹在一起。因住室狭窄，又阴暗潮气袭人，书画所藏没有适当地方，搬家时一乱，这几幅珍贵的书法条幅怎么也找不到了！

从此之后，我自己向书画名家求墨宝就很主动了。叶浅予先生是漫画界前辈，比我年长十岁。因住得近，常见，也随着他的老友们直呼其名，称他"浅予"，他毫不介意，对我这位晚辈十分友好。我提起失去他送我的《长鼓舞》，他再为我画一幅西藏舞。田原来北京时，很想求到他的画，但他们不相识，我和他一同到叶府拜访，像他帮我向画家求画一样，也帮他得到一幅，叶老画得兴起，我乘机又得一幅。叶老年高德劭，对我们这些不知足的画界后起之辈不厌烦，总是循循善诱，态度

又随和，我们见他一点也不觉拘束。我多次拜访，也见到他的学生们在他家，交谈都很从容，大家对他都恭顺，但毫不拘谨。关山月先生在抗日战争时期曾来四川乐山县举行画展。那时我还在上学，和几位广东同学一道去拜访他。多年之后，见了我们还像老朋友一样相待。我学会了开口向人求画，就放胆向他求了，而且还提出要求，请他施其特长，为我画梅花、麻雀和米点山水，都得到了满足。甚至放肆得替朋友请他赠书画，也得他的允许。我藏画里最多的，除许麐庐的画之外，就是韩羽和高马得的作品，他们是我挚交，要啥给啥的。范曾作品也不少，他有文学修养，作画有书文气，我是喜欢的；也欣赏他的画法，曾向他请教。他有幽默感，我画的《苦读未悟图》，这标题就是他取的。向韩羽、马得请教更多，在一起是无所不谈的。我没见过丁聪老兄送人什么画，用钱买也买不到，他不卖！但我得到他一幅画得精美的彩色漫画，对我这个小老弟他是另眼相待的。华君武是我老领导，有一回画盘子上一个苹果，一看样子像我，很高兴地给我寄来。这是最难得的厚礼了，我把画和他的信裱在一起珍藏起来。国画家任率英是徐操（燕荪）老师的学生，徐先生也是我老师，任兄和我是师兄弟关系，他特送我一幅精美的人物画，是画在绢上的。

田原多才多艺，是画家兼书法家，文章也写得好，写得快。他有幽默感，更擅装饰画，又长于篆刻，喜藏古董，也画漫画。看来书画方面包括写作，他一个人能全包下来。他的作品我也不少，大多是书法。

有一幅画是碰巧得来。一九七七年冬，侯宝林六十诞辰，胡絜青老人贺寿，画六果桃枝一帧，十分精美。我见了向胡老说："我和宝林同庚。也六十岁了。"她一听，高兴地也向我祝贺。没过几天，就遣她爱婿送到我家，也是六果桃枝，同样

精美，都是精心绘制，托裱好送来的。其实我比侯宝林小几个月，是为得此宝墨自作主张，提前过生日的。

二十多年来，我用传统国画形式作漫画，也蒙国画家称许。我已向孙其峰先生求得一幅他画的精品《春在枝头》。以后他见我在天津举行的画展，提议我们各画一幅交换。能和著名画家交换作品，幸得青睐，自是高兴。我不敢怠慢，画了整整一天，从十几张画稿中选一幅自觉满意的送去，又得到他第二件作品。由此我向人求书画时，恐被婉谢，就先画一幅呈上，逼得画家"不好意思"，就用这办法获得崔子范和蓝天野二位先生的大作。

还有的是画家光临舍下，谈得兴起，乘兴挥笔得来。关山月、万籁鸣、张乐平三位长者的水墨画就是这样保留下来的。也有是我做客时所得，那是在饭后余兴中偶然所获，张乐平、应野平先生合作的一幅《老农和孩子们》，以及陈秋草先生的一幅《花卉》就是。

我还收藏名家版画，虽拓印原版已成，但版画家也是不轻易多印送人的。黄新波、黄永玉和吴凡的几件名画，谁见过几幅原作？牛文的《东方红》我十分欣赏，是写信求来的。

廖冰兄是我最敬仰的前辈漫画家，对我爱护如严师如兄长。我不忍苛求，只要了一小幅漫画。我知道他对我也会是要啥给啥的。黄苗子、郁风夫妇和吴祖光、新凤霞夫妇都是我素所敬佩的艺术家，他们仁厚待人，对我是有求必应的。他们出版的著作，我就收藏不少。

我珍藏的书画，件件都饱含厚意和友情，而且都属名家精品。为利于长期妥善保存，供多人欣赏，已全部捐献家乡广东中山市。我所作的自觉尚有保存价值的水墨漫画，也全部捐出，只剩一些内容近似的留作个人作品展览时用。共捐藏画二百六十一件，自己的画九十件，我与画家合作的八件，共三百五十九件。我要求将所捐作品辑之成册出版，以便于保存，也便于查阅。还要求每年至少公开展览一次，已得中山市文化局承诺并落实。中山市领导对此事很重视，收藏和管理条件也很好。今后我还将继续收藏，我自己的画，也会再次捐出的。

人都各有爱好。对于书画，尤其是画，那是人人喜爱的。向人求画也属常情。自从我作水墨漫画之后，来求画的人多得很，我送出的不少。有一年，武汉大学北京校友会要我支援，就送了有十余幅。报社同志我也送了，亲友中也送。不相识的来信求"宝墨"的收藏家也不断。除因遭困无奈向我求助者之外，我是无力去满足的。自我离休之后，忙于自己的工作，整天伏案或画或写，都是应急的，从无暇休息。住所又十分狭窄，三十五平方米的使用面积，被十几个大书柜挤得余地无几，满桌满床满地都堆积着书和画册。伏案工作的案，只是一张不到一平方米大小的折叠小桌，桌上也堆着文具和各种资料。

韩羽的戏剧人物画

收藏琐记

作画时须先把桌上东西移开,腾出一块"平地",才放得下一张纸,一动手就感觉麻烦,无心作画。但还是不时要动手画的,例如某报某刊创刊五周年、十周年等等之类,编辑不断打电话来催作画致贺,而且大多是多年之交,很难婉谢。还有许多重要纪念日、纪念活动等等,来要画的,几乎连年不断。实在顾不过来,对不起,我只好想办法能推就推了。

难解之谜

我原是科学工作者，从事科学研究工作多年，从不迷信，但也做过几次通称为迷信的事，因为好奇。

我们家乡农村里，家家都供着菩萨，我家就供着十一二位。村里有几处土地神龛，有几座庙，供的一般是"财神""观音""娘妈"之类。有人念佛，有人只求神保佑，天天烧香，有时叩拜。迷信活动是普遍的。一九三七年七七事变，日本大举入侵后，我回乡间时，就见过农民在祠堂前烧一批纸扎的军舰大炮，是祈求诸神去帮助我国军队打日本的。求神附体的活动也见过。

我父亲在北京铁路局工作，他也迷信。他很信扶乩（又称扶鸾）。一贯道就是用扶乩行骗的。

我也扶过乩，是亲手扶，不是看别人扶的。那时我在四川五通桥的黄海化工研究社任助理研究员。记得是在一九四四年前后，听说社里的一位总务工作人员会扶乩，他姓名我忘了。我们几个人就想试试，请他教我们。几个人之中，有研究员吴冰颜，助理研究人员中除我之外，有萧永澜、淡家麟，可能还有阎振华。那位总务要我们准备香烛和扶乩用具。用具是从厨房取来一个小簸箕，在浅处一端垂直扎紧一根筷子。再找个平盘子，上面铺一层细沙。他写一道符，我看那是在一张黄纸上用红笔（也许是红纸上用黄色笔，记不清了）写了一个"鹤"

字。我们点上香烛向天跪叩，请的是孙中山先生的神灵，烧掉在纸上写的四个问题，他也烧掉符。起身后，我和萧永澜两人各一边扶着簸箕，使上面扎的筷子垂直立在沙盘之上，静静地等着。那是在深夜里，我心里有点害怕。忽然，那筷子抖动起来，接着在沙盘上移动，连笔似的画出字来。吴冰颜已备好纸笔，画出一个字便抄下来，再把沙子铺平。筷子又动，画第二个字。筷子一动，簸箕自然一齐动，我们两个人是轻轻扶着簸箕的，簸箕一动，我们也随着扶动。一共写了二十八个字，明显看出是四句七言诗，合辙押韵，每一句回答一个问题。我只记得两个问题是：能否战胜日本和能否回我们自己家。这筷子写完二十八个字，最后写一个"回"字，筷子就不动了。回答是肯定的——可胜，可回家。我不会作诗，永澜更不会。可筷子能动，还写得出字来，这动力是从何而来的呢？真怪！做完之后，我提议再做一次。请的是英国科学家牛顿的神灵。还是我和永澜扶，我是有意试看这外国神灵写什么字。结果是，写出许多小写的英文字母。一看这些字母，我心里暗笑，原来这些字母都连不成字，是零零散散各不相连的。我想，这个神灵是冒充的，大概只有初中一二年级的文化水平，当时小学不教英文课。在扶的过程中，淡家麟也要试试，我退下让他扶，筷子照样接着动下去。记得做第一次时，他也中途插进把萧永澜换下来，不影响全局。

　　没多久，孙社长公子继仁来了，也要做一次，但没成功，筷子不动。

　　新中国建立后，吴冰颜先生在北京化工研究院任研究员，他是留美毕业生。永澜和家麟在社会科学院微生物研究所工作。孙继仁在青岛海洋研究所任研究员，不知他仍否健在。今年四月份我去研究所问过，只知他已退休。吴和萧均去世，淡家麟较年轻,已多年未通信息了。

对我们扶乩这件事,我只和朋友同志们讲过多次,不敢写出,恐有宣传迷信的麻烦。

但另一次这类活动,我是公开说出,登在一本对我访问的书里。因为和我一起做的人都健在,而且都是有名的画家,有人可证。

时在一九九三年五月二十五日,在杭州。我和韩羽、马得、陈汝勤夫妇四人,在徐启雄、黄莉莉家里。汝勤会请"碟仙",就做起来。在桌上平铺一张大纸,拿个小碟子,叩起来,用铅笔沿边画许多个圆圈。中间的圈里画个骷髅头,四围许多圈里写上可能回答的话,如"可能""不能","好""不好","一年""三年""五年","美""英""法""日"等等,由想提问题的人写的。

一九九三年,我和韩羽、马得、陈汝勤在徐启雄家。左起:徐夫人黄莉莉、方成、韩羽、徐启雄。

运作时,把小碟子叩在中间的小圈上,三个人用中指按着碟子,三人之中须有男有女。开始是我和韩羽、汝勤扶,后来我和启雄、莉莉扶。还换过几次。我们三人用中指按着小碟,汝勤说一句"请碟仙回答问题"。时间也在晚上,我有一次经验,不害怕了。

我们三人静静地等着,一会儿,只觉小碟动了起来,慢慢地转。我们轻轻放松手指按着,随它转出中间的圈外,就不动了。这时,问的人说出自己的姓名,再提出问题。我先问:"有没有可能从现在的住处迁到大些的宿舍里?"碟子立即转着移动,而且越转越快,在纸上好像寻到答案似的,转到一个圈上就不动了。碟子恰正地停在圆圈上,一点不偏。我们松手把碟子移开,看到它盖着的圆圈上写的字是"可能"。看了我很高兴,再问:"什么时候?"碟子又移动了,还是转着,边转边走动,也很快,又停在另一个圈上。移开碟子看,圈上写的是"五年"。我写的是"一年""两年""三年""五年",没再写更长时间。后来又问:"有无可能到海外去一趟?"如此转着回答是"可能"。再问何时?回答"两年"。又问何地?我希望回答是圈上写的"英""法""澳",结果回答是"台湾"。所回答的时间都是在几年之后,谁知道灵不灵?!于是想起,我和韩羽已经托所寄宿处的人替我们买五月二十八日火车票回北京,问能否买到?回答是"不能"。我们两个人都很失望。记得是马得说,可以再问别的日子的票能买到不?我就问:"二十七日车票能否买到?"结果回答是"可能"。别人也问了各自的问题。我们四人回到寄宿地——那是北京著名老中医吕炳奎先生的长公子为我们安排的地方,去买火车票的人见我们回来,就说:"二十八日的火车票买不到了,只有二十七日的,我就买了,行吗?"我们四人为之一惊说:"这碟仙还真灵!"

既然灵,我就信了。我曾向报社领导呈上几次报告,请求分配我大些的宿舍。因为我的孩子分配到无宿舍的工作单位(集体所有制的),只好住了我大约一半住所,我只剩三十五平方米使用面积，而且邵社长也来看过，以为很快能有搬迁希望。因此我打算在搬迁后再处理堆得满桌的书。看了"碟仙"的回答，需至少五年才能搬家，时间太久，等不及，所以一回到北京，就把沙发都扔掉，买了三个大书柜，把书都装了起来。

一九九五年一月，收到台湾漫画家组织（忘记名称了）邀请信，请赴台访问。是邀丁聪和我两个人。一月十三日我的日记上写着："为赴台办外出手续，上午去人事处等候，近中午办成，下午……送去美协（交）沈朝慧。"因台湾"总统"李登辉去美国，我国政府向美国提出抗议，我们两个人赴台湾之行作罢，没去成。

从一九九三年五月到一九九五年一月，时间将近两年。虽然因特殊情况赴台之行未成，但确实有行此一事的机会，"碟仙"的预测还是有灵验效果的。

无论灵与不灵，奇怪的是碟子为何能自动？动力是哪里来的？马得和汝勤是我五十多年老朋友，都是有名的画家，谁都知道汝勤不是巫师或魔术师，也没听说她有什么特异功能，不会用什么法术的。韩羽是有名画家，又是鲁迅文学奖获得者。徐启雄是浙江有名工笔画家，又是政协委员，他们都健在，随时可去调查的。

我看过特异功能表演，六七人近身目睹，据说有人测过说是假的，但我却信以为异。

还有一次，一九九七年十一月八日，我和中央美术学院国

一九九四年和马得在一起

画家黄润华教授、另一画家（已忘姓名）和从焦作来的年轻画家买泓钧，同乘火车从安徽阜阳回北京。我们四人同在一软席车厢。在闲谈中黄润华说，他就不相信什么特异功能。这时，买泓钧说，他想试试。于是黄教授暗中在小纸上写一个字，揉起成团给买泓钧。他买拿着放耳朵里像在认字说："笔画还不少。"立即把纸团撕碎扔了，在纸上写出个"黄"字来。黄教授就惊奇地说："对。"另一画家说他也写一个字。于是跑出车厢，在外面写，写好把纸揉成团给买。买把纸团放在耳朵里，一边说："这个字斜笔画多。"然后从耳朵里取出，在纸上写出个"篆"字来。黄教授可真信了，说出："啊，是真的，我信了。"黄教授近已去世，买泓钧很年轻，是从焦作市来的画家。我和他原不相识，因阜阳有关单位邀请去的是画家，买先生和我们同去，想必是画家。二〇〇二年十一月二日，在"中央电视台二〇〇二年书画展"中，见有买泓钧一幅画。

从我亲眼见和自己动手做的这些现象，很难说这一切全部都是假的，其中可能就有什么奇特的现象。既然世上有真，就可能有假，有人假借来欺骗人的。如果不认真考察，或考察得不够严密，也可能做出不科学的结论。

我曾把所见到的种种怪现象向哲学家王若水老友请教，他说："现在科学发达，但还不能保证能深知一切的程度，需要继续不断研究、试验、考察。"

如今世界上确实有许多至今未解之谜，如 UFO（未明飞行物，称"飞碟"），也是许多人看到的。

我童年时，相士给我看相，说我是"败家子"。母亲请另一位相士给我看过，也说我"败家子"。至今我已逾八十四岁，还没见败了什么家，我不信。记得建国初期，华君武同志约我去找相士看相，他说，现在还有看相的，过几年这种迷信的行

因为"八"与"发"谐韵，有"发财"和"发达"之意。"一六八"与"一路发"谐韵，那多吉利！不幸的是，"八"也与"罚"谐韵，岂非矛盾？但实际上都是一致的。有人犯法，被捉去"法办"，结果罚几个钱了事，"法办"成"罚办"，也大吉。

业就不会再有啦。了解他们怎样看法，体验生活，画漫画用得着的。我记得看相的说我"犯小人"。一九九九年五月，我应邀赴武汉大学开会时，遇见北京来的农工民主党屈秘书和几位书画家，我们一同于二十日游庐山。在山上遇见看相的，大家都想试试。他看我相后也说我"犯小人"。对看相我一直不信，只是为体验生活，看他们有什么骗人手法而已。是不是有真灵的，就不敢说了。

人生一世，总会遇见什么奇怪事，我遇到的就是这些难解之谜，写出来，我想会有用的。

我这个『败家子』

晚成的童年

有句俗话"少年老成",说的是人虽年轻,但很懂事的意思。我呢,恐怕与此相反,是童年晚成。很多人从三四岁就记事,回想童年时代生活,说得挺多。其实我还不是吃特黏的糯糊长大的,头脑却像黏糯糊,直到大约六岁之后,才开始多少记些事。听我妈说,我出生在北平,那时不叫北京。五岁时,她带我和两个弟弟,顺佐和忘了名字(好像叫"阿线")早夭的一个,来到广东香山县左埗头村,和奶奶、伯母、叔母、异母姐姐顺合、堂兄顺蛟在一起生活。如今香山县改名中山市,并将很大部分割离成立珠海市。左埗头村改名左步村。我祖父孙文达公和伯父润芳早去美国,我都未曾见过。我母亲是继母,哥哥姐姐都是已故的母亲所生。我们祖屋是两栋,我们家住一栋略小的,其他人都和祖母住较宽大的另一栋。祖母买一个丫头,养一条黄狗。那时有钱人家都买个女孩干活,北方叫"丫头",在京戏里叫"丫鬟",广东叫"妹仔"。祖父寄钱来买了八十亩田,他们都以此收租为生。祖父、伯父常寄金币来,是由南蓢镇一家货店转来的,我父亲在北平的平绥铁路局文牍课任课员。他寄过钱没有,我不知道。理应是寄的,否则母亲没钱花。我知道祖母是舍不得花钱的,过年时给的红包,装的是几个孔方小钱,只够买几个爆竹放放。那时的铜元小,后来我到北平才知道,北平的铜钱大得多,称"大子儿",也叫"大枚",

广东的铜钱称"小子儿"。一个大子儿换两个小子儿。我们乡下那时还使用孔方小钱，也用半个小子儿，是一分为二劈裂开来的。我叔叔霭芳是平绥铁路局的车站站长，估计也寄钱回家的，否则叔母和堂兄也没钱花。

左埗头村住的是三大姓族。中部孙姓，右部欧姓，左部阮姓，称孙家、欧家和阮家。孙家和中山先生同族，民国初年孙先生曾来我们村祭祖，他来时受欢迎的合影照片中有我父亲孙桥芳（笑平）在内。我母亲方彩云（其中"云"字没记清，我真该打！）住在欧家那边，方姓人很少，可能也就两三家或更少。

这是我童年生活的环境简介。

童年生活总是令人怀念的：不需按时上班下班，写思想检查，写检讨，不需没完没了地去开什么会。受约束的就是没钱花，成天光脚丫子到处跑，在收割后的田里打仗玩。男孩女孩没受什么教育，在一起的时候，还都脱下裤子互相观摩。在一起捅马蜂窝，捉窝里的幼虫吃，比糖还甜，甚至蟑螂也活捉来，拔掉脑袋，拉出五脏去掉臭味烧来吃。最好玩的是斗蛐蛐（蟋蟀）。大概是在夏秋时候，山脚下、草丛中或石头下面到处听到蛐蛐的叫声，到晚间提着小灯去捉，可以捉到，捉来放在小罐子里。大家一起比赛斗蛐蛐。农村的医药条件很差，可民间有各种单方能治一些普通的病。有一次，弟弟顺佐腿上生个大疮，肉腐烂了，很痛。我见父亲用张大叶子包着一块豆腐贴上去，可能里面加点什么药，我没看到。没过多久就见那豆腐将疮疖里的腐肉吸了出来，不久就痊愈了。

乡下没什么娱乐活动。孩子们最爱看串乡的木偶戏表演。一个人挑担子或背着道具来，找个空场，架起和轿子一样的小戏台，人钻在里面，上部是敞开一面的小小舞台样子，木偶露出上身，人藏在里面作木偶活动。记得演的是一个人打老虎，打着打着，被老虎吞掉，后来被救出，从老虎口中钻出来。人一边作表演，一边唱，说话是木偶的特殊说法，听不出人言，而是"喊都哇""喊都哇"，可看得出大意是什么。还有杂技表演，是个大人和一个小孩子，我没去看，因为听说他在表演中用刀子把孩子的肚子切开，结果孩子依然完好，我听了害怕，不敢去看。

南蓢镇是个小墟（集市）。香山县乡下有几个墟，按规定日子开几天，农民在墟里出售各种农产品。墟里有商店，卖米、粮、布匹、食品、杂物等等。华侨从美国寄钱来，就是由商店收转的，寄的是金币。从左埗头到南蓢，步行半小时。乡下做的糕点很好吃，有九层糕、牛利饼（把舌头叫利，因为"舌"和"蚀"同音，不利）、大光酥、月饼和饼干之类。汽水称沙士水。除了最便宜的牛利饼、大光酥之外，我都没买过。

乡下人农闲无事，多以赌钱为乐。有赌牌九、打麻将的，多数是赌牌九（即有天、地、人、二板、幺鹅等等的那种）。最简单的是用一只手把一节甘蔗竖起来，瞄准了，手一松开，另一只手用刀子猛地砍下去，劈开甘蔗，以劈准为赢。还有一种是猜一个橘子里面有多少核，以此相赌。我只是看，都不会。牌九我会，只有过年有了压岁钱才去赌。有钱人是地主和归侨，有的侨家有碉堡，有留声机。从石岐到澳门有"岐关"公共汽车，归侨有时到南蓢乘车去澳门赌一番，过一两天回来。

村里有个夜校，请一位老师教书。我见有别家孩子在那里上学，也跟着去。我没有书，只是听讲。这事我没告诉母亲。晚间我家只关着名叫"搪笼"那样的门，是用许多横棍做成的门。我的头身都小，能钻出钻入。多日后母亲才发现，没阻拦。母亲识字，常拿着木鱼书看着小声唱。她很和气，我没见过她发怒，从不怕她，可也还算听话。她人缘好，村里妇女常和她在一起，但很少见她外出，出门也就在附近一带，很少去赶墟。姨母是她姐姐，裹着小脚，但我妈是大脚。家里有为稻子加工的工具，有磨和用脚踏动捣谷子的石臼，我都干过。我家常请外号叫"啫啫振"的雇工（因语音不清，作啫啫声）。此人像傻子，干活肯出力，干完就给他一大碗饭吃，下饭的也就是平时家常菜咸鱼虾酱之类。他吃得真多，有时也会偷闲，骂他两句他也不恼。有两个青年患精神病，年纪大的是个农民，被锁在屋里。二十来岁的是归侨家里的大学生，没听说是为什么闹的病，我那时小，不会问。

我的爱好，除了玩，还爱在墙上画房子，画篱笆和树。成天赤脚跑，没记得穿过什么鞋。晚间穿木屐，北方叫呱嗒板。烧柴做饭靠大姐主持。她身强力壮，干什么活都又快又好，家里从厨房到屋内外都主要是靠她一把手。她人缘好，朋友之多，恐怕别家女孩谁都比不上，笑起来很豪爽。祖母买的那个丫头很早就让她嫁走了，估计不收费。祖母说，这是积德。祖母不识字，大概是信点佛的。家里供着各种菩萨。我们家有十二座，有吕祖、天官、土地、灶君、门官，床底下还有个姑婆，我记不清全部名字，可天天要给各位菩萨点香，点油灯。村里路边上另有土地神龛。有关帝庙，观音菩萨的庙，娘妈（读马）庙（想是保护航船的那位"天后"，姓林）。那时有点钱的人喜欢镶金牙，戴眼镜，手持斯提克，即手杖也。看见有自行车的，就显得那是阔气的了。买菜须一大早到一个卖菜的处所去买，去晚了就买不到。因为临海，常可以吃鱼虾。我们家都煎熟吃，看不出放油，是干煎的。晚上点火水（煤油）灯，是洋货，记得是"亚细亚"牌的，为省煤油，天一黑就上床睡。我妈睡得早，我是趁此钻出搏笼到夜校去的，上完学再钻回来睡。乡间学校设在祠堂内，这是最宽敞可用的地方了。

每年春节前后（记不起确定时间了），有"打敌仔"的械斗。我们村和邻近的涌口村打得个个头破血流。听说，打赢了就追进对方村里，夺胜利品。也听说，会是每家或多少家献出一点东西，也就是放些爆竹，送点食品之类。过后又和睦相处如常。各村之间通婚，都有亲戚关系，不会相仇过深的。其他两村之间也一样有定期械斗，我们一些孩子站在山头看过一次。还没听说有谁在械斗中丧生。乡间有很高明的骨科医生，受伤不难治。我弟弟顺佐曾被牛触伤筋骨，很快被医生治好了。乡间有人练武术，会有骨科医生的。

经常有串乡卖布的贩子来，是山东人，吆喝只一句山东话："卖东西！"他们一来，人们就相传："卖东西来了。""卖东西"三字是北方音，读音"卖冻戏"。县里的石岐话虽然和我们南萌话完全不同，但村里人都会说点石岐话。来村里表演杂技的人也多是山东人。我们称北方人为"老兄"，这是山东人的习惯语，读音"捞松"。

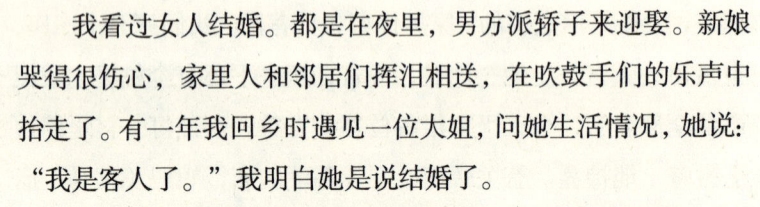

我看过女人结婚。都是在夜里，男方派轿子来迎娶。新娘哭得很伤心，家里人和邻居们挥泪相送，在吹鼓手们的乐声中抬走了。有一年我回乡时遇见一位大姐，问她生活情况，她说："我是客人了。"我明白她是说结婚了。

我最喜欢到外村亲戚家。常去的是李屋边村和豪涌村。我叔母娘家在李屋边村，姨母嫁到豪涌村。去时都带一包点心，只几块，但包成样子较大，上面放张红纸商标，用细草当绳捆成很好看的扁包。门口不远就有个步头，是小河码头的称谓。坐小船走半个多小时就到了，很有趣。现在小河都被填成稻田了。

村里小孩初生，就要到庙里去拜神，认干爹或干娘。认观音菩萨的孩子，取名常带个"观"字，自然是求仙界干亲保佑

之意。我还不知道干爹娘是哪位仙爷，也许因生在北京的缘故。在北京上学，习惯要在名之外还有个字号，是请一位当老师的给取的。我名"顺潮"，因名中"潮"字有三点"水"字边，便取号"应阳"，后来没用过。古礼长辈可叫晚辈的名，晚辈自称则用名，同辈相称都用字号。三国时关羽字云长，自称"羽"，同辈称他"云长"。

乡间有武装集团，有个"民团"党和"农民"党敌对。听说有明伙强盗，村人为此常跑出走避，叫"走明伙"。我们称"跑"为"走"，我没"走"过，也许六岁之前跑过，那时我还没记事呢。

我兄弟姐妹共十人，大哥顺何（或和）、五弟以及一位刚出生不久的妹妹均早夭，大哥死时已十几岁。

广东外出打工的人很多。我祖父、伯父很早就去了美国，几十年了，祖母和伯母在家"守活寡"。等祖父年老回来，早已去世。伯父在美国成家，生一子四女，六十多岁返乡，又娶一妾，乡间称"阿姐"，后来我们都尊称伯母，生一子。伯父不久也因病去世。我们家族有一支孙姓的在唐山，都是当矿工或铁路工人去的。唐山地震后不知生还多少。我大姐后来嫁到印尼，是姨母做媒嫁出去的。

如今南萌镇已经从过去的一条街，变成高楼林立、高速公

一九九二年在美国旧金山，身后的小杂货店是祖父当年创办的。

路通过的新样的镇了。有了沥青面的许多通道。镇政府盖了宽大的洋楼,有上千学生的小学校,操场和城市里的大操场那样。街市繁荣,酒店里什么菜都有,各种活鱼随顾客挑选,服务人多是从湖南、江西、四川、安徽等省来的打工男女青年,说北方普通话。左步村里建了不少楼房,都是在外打工的人所建。常见有轿车来往,这是我童年时没见过的。祖母住的那间屋已被白蚁蚀坏,拆了。我们住的那座仍在,新中国成立后已修整过,正待进一步修整呢。那时我们工资很低,二哥是长春汽车厂副总工程师,五六十年代工资百余元,和我的工资差不多,但我有稿费收入。他出两千元,我出五千元,其他四位弟妹共出三千元(记得我还代他们出一部分),堂兄堂妹从美国寄来相当人民币一万元,市政府为落实政策给一万元(因错划为地主家,被分出,后收回)。结果用两万元把房子修好,但已非旧貌,搪笼不见了,大又厚的木门改成一般的门了。而且只修了前半部,后半部被拆了,重新盖了一小部分很简陋的小房。祖母他们住的那栋房子全拆掉,无力修建,成了荒芜的院子,种上一些小树。

　　旧时农村的房子,像现在的塔楼,但只一层或两层。我们住的那栋,前面是厅,约十平方米,边上一小间当"书房",后面中间是"天井",上无顶,下有可漏水的浅池。在"书房"之后是稻米加工的小间,大小和书房略同,约八平方米。"天井"之后又是一小厅,边上是卧室。再后面是厨房,有井有灶。这栋房紧贴祖母住的那一栋。卧房有天窗。记得"书房"前面有窗,其他三面无窗。前厅之上有一层楼,这楼是存放东西用的,搭张梯子上去。村里房屋很少开窗,想必是因为每年都要遇一次台风,风从窗吹入是很危险的。

败家子的回忆

童年，那真是酸甜苦辣五味俱全，最招人回忆。可我是不怎么常回忆它的，并非苦得不堪回首，而是太平淡，没多少可深思的。

听说我生在北平，还没学会要钱花，便和弟弟一起被母亲带到祖居的乡下。一天，妈叫我到小铺打一瓶酱油。回家路上，一位叔叔向我喊："看呀，你这瓶底是漏的！"我慌忙把瓶底翻上来看，酱油洒了一地，逗得人哈哈大笑，叫我小傻瓜。

那时候乡下人都迷信，我家供的神就有一打。记得最外边的是"门官"，天井上是"当天"，厨房里有"灶公"，案上是"吕祖"，案下是"土地"，床底下有"姑婆"……每天清早各敬三炷香。长到八岁时，来了个看相的，看了我就对我妈说："这孩子是败家子。"妈未深信，带我到墟（集市）里请另一个看相的再看一回，结论还是"败家子"。每逢过年，妇女们爱凑一起打牌九赌钱，小孩也赌。我向妈要钱，老远就喊："妈，给几个铜板我输去。"妈一听笑了，说："看相的真灵。"

村里没有学堂，族里请一位老先生教夜校，读"人手足刀尺，山水田，马牛羊"。大概是怕败了家没饭吃吧，我自己跑去听课，晚上很迟才回去睡。几天就被母亲发觉了，很不放心，又难制止，我从此开始认字。九岁时，母亲又带着我们弟兄返回北平。哥哥教我用北京话读书，还教我念英文字母。全学会了，就把他的英文课本拿来，一口气把整本书的字母读完，心里非常高兴：没想到这么快就学会英文了。我进小学插班，学校是教会办的，四年级有英文课，学完字母学拼音认字，这才明白，原来读英文不是光读字母的。

我很贪玩，下了课就和小朋友趴在地下弹球儿，拍洋画儿，孩子们叫"得牢"（读 dei lǎo），洋画儿就是每包香烟里附送的一张画片。口袋里装满了洋画儿和大大小小的石头片（我们叫"牌"，读 pǎi）。还斗蛐蛐儿（蟋蟀），到市场听相声、评书，看皮影戏，看变戏法。晚上父亲在家，才不得不坐下来温习功课。他看《实事白话报》和《小实报》，也命我看报，至今还记得报上一段数来宝："说实事，道实事，先说傻子我自己。七岁时，入学校，不念书，瞎胡闹。到如今，不得了，拿着罐子把饭讨。把饭讨，不害臊，您给钱，我就要。扎吗啡，吃黑药（即鸦片烟丸），一针扎，一毛钱。瘾头大，不周全，由此坑蒙又拐骗。小学生，别学我，将来没有好结果……"为什么记得这么清楚，恐怕多少和那"败家子"的坏名声有关。父亲见别家孩子会看小说，就买了一套线装《西游记》给我。翻开一看，都是文言，比课本难多了，看不懂，便偷偷把它扔床底下去了。同班的梁启永很会讲故事，下午放了学，几个人把他拥到教室里，围坐地板上听他讲。讲的是唐僧取经，孙猴儿、猪八戒、沙僧斗妖精，真是神出鬼没，有趣极了。讲了不知多少天，唐僧遇一百多回难，还没到达西天。有人告诉我，这是《西游记》的故事，使我想起扔在床底下那套书来，回家把它翻开再看，依然看不懂。再翻几页，发现插图，画的果然是孙猴儿、猪八戒等师徒四人，再往下翻，又见章回目录，看

第一回，是白话文，好懂。原来我当初看的是这套书的序文，没等往下看就把书扔了。小说真是写得好，看完又发现，唐僧总共遇八十一难，梁启永讲的那些故事，全是他自己现编的。

小学总算毕业了，考上初中。课外还是紧着弹球儿，斗蛐蛐儿，上市场看杂耍听相声。《西游记》看完，父亲不给买小说了，怕我误了功课。但我已看上了瘾，就到旧书铺，用这套《西游记》换一套薄些的小说，看完，又拿这套去换一套更薄的。薄得不能再换了，就添几个钱换一套厚的。如此这般，那书铺里的线装小说差不多都看过了。小说里人都有插图，我从小爱画，常把喜欢的插图照描下来。画得兴起，就按小说中的情节自己想着画，画骑马打仗，投飞镖，祭法宝。上课时不听讲，偷着画老师。唯有对几何这门课颇感兴趣，因为算的时候要画图。对地理课也喜欢，也因为要画地图。年终考试，代数得零分，几何得一百分，数学平均不及格。化学也不及格，幸亏其他几门课都在六十分以上，否则就得留级。留了级回家要挨打的，吓得我头脑清醒些，上二年级，就没有不及格的课了。

还是爱跑爱闹，见人骑车，也借来学。还没学捏闸，骑上就飞驰，来回猛跑。一次正骑得高兴，对面来了个骑车的，把我吓慌了，我不懂行车规则，不知往哪边躲，说时迟，那时快，咔嚓一声，顿时失了知觉。醒来一看，我倒在一棵大树下，车梁弯了。围观的同学议论说："骑车技术真棒，不然非撞上不可。"我听了很得意，过后才知道他们夸的不是我。

我小时候就是这么糊涂。初中有图画课，我的作业常"留成绩"。图画老师特地送我一盒水彩颜料，我珍宝似的棒回家，至今不忘这位老师。

《实事白话报》，也许是《小实报》，每天登一套连环漫画《毛三爷》，引起我莫大兴趣，可说是我作漫画的启蒙老师。父亲吸的"大联珠"香烟里有洋画儿，画的是我看过的小说中的人物，也许是《封神榜》里的吧？别的香烟中的洋画儿有画《三国演义》的，有画《西游记》的和其他的。为了凑成整套人物，假期我总爱上白塔寺、护国寺庙会小摊上去收罗。我几乎天天画，把满意的作品钉在墙上。父母看了高兴，亲友看了也夸奖，我画得更起劲了。但上课时不敢再画，初中毕业考试成绩还是不错的。

这时父亲不幸失业，在北平谋事无成，只得携家带小回广东去，单把读大学的哥哥留下来。我叔父知道了，劝父亲让我继续升学，父亲不肯，因为我会败家，学多了没用。我叔父是虔诚的佛教徒，却不信看相的，坚持要我留下念高中，并愿供我一切费用，我这才上了寄宿高中。

一九三五年，我正上高中二年级。北平学生在共产党领导下，为反对国民党政府向日本帝国主义投降、放弃华北主权，发动了"一二·九"学生运动。我所在的学校学生会负责宣传工作，我负责画宣传画，画好一批拿走一批，送到学联会。一九八〇年我举行漫画展览后，记者来采访，问我何时开始画漫画。回忆时才想起，在那些宣传画里，有的就是漫画，贴在学校大门外那张我还记得呢。

在高中，我还是活跃分子，喜欢打球，唱京戏，演话剧，练双杠，练长跑。运动会时，当拉拉队员。但很勤学，最感兴趣的功课是地理和生物，我的笔记本里画着详细的地图和生物标本、显微镜下的图像。学生宿舍三人住一间屋，我找两位功课最好的同学赵如梓、侯树珩和我同住。高中毕业考试，记得我的分数是属第二，我考大学的物理试卷里还画着一个人用一杆卖菜的小秤，称一条一丈多长的铁轨呢。考第一名的是后来同住的一位同学郭世琦，我们都考上了大学。抗日战争时他参加了共产党，改名高天辉，新中国成立后在人民解放军总参任领导工作，前几年不幸早逝。我一直怀念这几位同住的学友。

一九三六年高中毕业时与同学郭世琦（高天辉）合影

从阮玲玉说到左埗头

忆起了左埗头这个村

　　还在上小学时，我就看过阮玲玉主演的影片，印象极深，因为我的一位表姑长得和她很像。早年在北平，我家和表叔同住一个院子里，表姑常来，我喜欢她那么好看，打扮也摩登。后来我随着别人唱粤剧，只会一小段，叫《野草闲花》，当时在广东是很流行的，恰好是阮玲玉演的悲剧里的一段唱词，听起来很动人，现在谢添还会唱。她演的影片我只看过一次，但记得格外清晰。最近看一篇文章才晓得她的故乡是广东中山县南蓢镇左埗头村，那正是我童年度过的地方。《镜报》约我写文章，引起我对左埗头这个村子的一些回忆。

　　我家长期住在北平，孩子们自然说北京话，可一进家门，就像进了左埗头村那样，讲话一片南蓢腔。南蓢话在中山县里，隔几里地的人就听不懂，更不用说县城石岐和广州了。

　　左埗头村在孙中山先生的翠亨村之北，离澳门很近。村里的财主想捞点横财，就到澳门去赌，然后被剥光了回来。我们有时跑到离村不远的鸡头角山上玩，那里能看到海，海水是黄色的。村子离南蓢墟步行约半小时，墟日十分热闹，做的点心饼食比北京点心好吃得多。那时父亲从北平汇钱来，取钱记得是在一家南货铺，不是邮局。公共汽车站在墟外，往澳门送赌注的人们就在这里上车。

仰慕抗日英雄欧初

左埗头村有欧、孙、阮三大姓，此外就是姓方的几户了，其他杂姓户少。侨居国外的人很多，孙姓几乎每户都有人在国外和省外，主要是美国和南洋一带，在港澳和国内各地更多了，我家弟兄姐妹七人就分居国内外六个城市。我在香港的时候，就见过好几位左埗头村的洋行经理，其中最阔的是美国固特异橡胶公司的一位代办了。固特异是橡胶硫化成型的发明者，以他命名的这家公司是世界闻名的。但最值得本村骄傲的，是在五桂山高擎红旗的抗日英雄欧初。中山县里这个五桂山红军根据地一直坚持到全国解放，日本侵略军和国民党军都碰不坏它。一九四八年我从上海到左埗头探亲，我父亲常提到欧初，说在日寇侵占时期，一到夜间村子就是欧初队伍的天下。他颇为自得地告诉我，欧初对他不错，还拍过他的肩膀。我对欧初早已仰慕，恰好他的战友杨子江政委的夫人也是左埗头村的，一位女战士，是我同族妹子。一九七九年我去广州初次见到欧初，已是鬓发如霜，但仍很健壮，穿着便装，却是一派风雅，南蓢话已然忘记了。

斗蟋蟀是天然的游戏

前年我又到左埗头去，见村里很多小孩穿港式服装，显然是亲友带回来的。香港澳门服装便宜，成为乡间归客最流行的礼品。各家墙上挂的满是身穿西装的照片，贴的是写着"金山

堂弟、母亲、小妹、大妹在家门前，身后就是称为搪笼的那种门。

大吉"（金山即旧金山，今美国加州圣弗朗西斯科城）、"檀香山顺利""椰城吉庆"（椰城即印度尼西亚的雅加达）之类的红纸条条。到一家富裕户拜访，主人热情地端出一盒盒巧克力糖和英国香烟待客，随后一瓶瓶地开可口可乐和啤酒。他引我们走上新修建的小楼，指着其中一间房说，在香港，给他每月一千元都不肯出租的。他只有五十多岁，便告老还乡，每天扛着气枪到村外打鸟，身子骨坚实，笑起来爽朗得很。此时的朋友都已满头白发做了公公婆婆。一位名叫祖福的雇农从前和我打过乒乓球。他不会打，球掉在地上弹跳着，他双手捕捉，怎么也抓不住，好容易拾起来，叹口气道："这家伙比蟋蟀还难逮！"逗得我大笑，至今不忘。我一进村见到熟人就打听，想去看他，谁知他前些年去世了。他年纪比我大，是捉蟋蟀的能手。从前乡下哪里有什么玩具，斗蟋蟀自然是孩子们最喜爱的游戏了。他教我们怎样在草丛石头底下捉这种好斗的小东西，怎样看筋骨强弱。听人家说，最强者是"铜头铁颈乌须单眼"的，不知是真还是对祖福的嘲戏，因为祖福只有一只完好的眼睛，广东叫"单眼"。蟋蟀斗败便一蹶不振，灰心丧气，再也上不得战场，颇有小资产阶级的脾性。不知是谁发明的，把败将抓起，放在手心，用另一只手拍拍腕子，把它颠起一尺多高，来这么十几下，弄得它晕头晕脑，再放进阵地，它又能英姿勃勃，张牙舞爪地再干几个回合。原来孩子也懂得将对付人的办法用之于虫豸，使它们自相斗杀让别人看着高兴的。再就是捅蜂窝，捅掉就飞跑，等蜂群四散，拾起蜂窝掏幼虫吃，既好玩，又得实惠。直到一次被一只黑色的大毒蜂在我太阳穴注射一回，老农赶紧叫我在地上撒泡尿，用那湿泥敷在伤口，医好刺心的伤痛，此后才不想再去采那蜜吃了，改在小河里捞小鱼虾，晚上点个灯在河边捉螃蟹，在乱草中用苍蝇钓青蛙。它们没有自卫的武器，只好任人捉弄。许多小朋友在小河里游泳，母亲怕出危险，不许我光屁股下河，没能学会。每件事细想起来都有一定的教育意义，可那时谁会去细想呢。我头一次看电影就在左埗头村。两个高鼻子蓝眼珠的外国人在祠堂里放映。片子都很短，无声。一个人管机器，一个人用半咸淡的广东官话（广州话）讲解。我只记得演的是一个人在躺椅上酣睡，门外进来一个人喊他不醒，用一盆水往他头上浇，他跳起来追，完了。想这时阮玲玉正在上海拍片子呢。

左埗头人在美国

别看左埗头村子不算大，我已知道有两位左埗头人曾任全国人民代表大会代表，一位是欧初，一位是孙顺理。我离开那里很久，认识的人不多，记得的更少，是否还有其他人不得而知。四年前我伯父的女儿，也就是我的堂妹初次回国，在北京相会，她告诉我，我们的祖父在旧金山矿区开的小铺依然如故，被美国人作为纪念物保存下来，祖父和伯父的照片还挂在房里正中的墙上。听说早年华侨远涉重洋，不知要遇多少危险，有的葬身鱼腹，有的成了未开化"生番"的美餐，能到达新大陆的是侥幸者。在新大陆的开发中留下他们的血汗，他们和美国人交了朋友，继而成为一家人。长期相处，共同劳动结成的友谊，是值得纪念的。

我家规矩

渊明陶老写五柳先生"好读书,不求甚解",我小时候也一样,好读的是《西游记》《三国演义》一类的书,不知求什么甚解。看到"手起刀落"之后的"措手不及",我念成"借手不及";"居心叵测"念成"居心巨测",猜出大概的意思,就算了。我在家里是常挨大人说"没规矩"的,从来也不问"规矩"是什么。如今回想,我家倒是有一套谁都得遵守的,可算是一种规矩。开饭了,菜一上桌,父亲先坐下,边喝酒边吃菜。菜上齐了,一家人才围桌坐下。二哥年长,端起饭碗先礼让,说"阿父吃饭,娘吃饭",这之后才动筷子。我是继母生的长子,端起碗先礼让"阿父吃饭,妈吃饭,二哥吃饭,大姐吃饭",才动筷子夹菜。弟弟礼让还得再多说一句"三哥吃饭",三哥是我。

父亲是铁路局文牍课的课员,就是现在说的科员。我知道他字写得工整,没学过什么数理化,不识英文,也没见他读过古文,不知这套规矩怎么传下来的。

二哥是最规矩的人。我九岁从广东乡下来到北平,上学之前,是他先教我用北京话读书和学英文字母的,比我大六岁。父母都疼他,在他面前我是很规矩的,听他的话。弟弟比我小两岁,常在一起玩。他性格本来就老实,不胡闹,在他面前,母亲多向着我。他有什么不规矩,母亲总说我比他规矩。其实,偷钱,或拉着他一块儿不规矩的却是我。别的弟妹比我小得多,母亲总要我

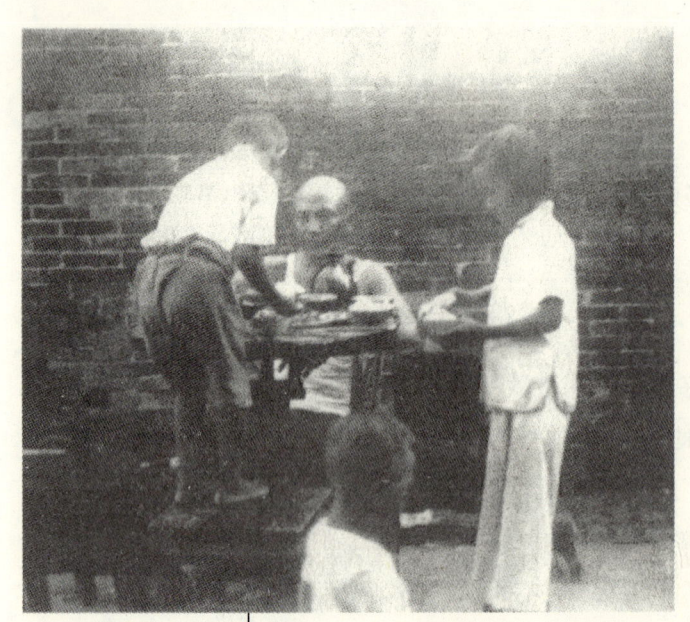

在老家门前吃饭，父亲和大妹、六弟，最小的是堂弟。

管着他们的。我们都怕父亲，他用藤条打起人来，那是很痛的。我一不规矩，妈就用父亲吓唬我，我怕她告状。我挨打最厉害的是那次偷钱花。妈的钱好偷，父亲的钱是有数的，少了就会发觉。这是我最不规矩的一次了，受惩最重。

我家规矩从吃饭看得很清楚的，是长幼有序，长管着幼的。可是在幼的面前，年长的也受限制，总要摆出些权威姿态，不规矩大概是怕没面子，丢人。我从学校回乡探亲时，父亲年老，在村里，乡下人都很随便，我家那规矩也就松弛下来。吃饭上菜，小弟弟就站在凳子上抢桌上的菜吃，见我回来，才规矩些。堂弟最小，谁也管不了他，妹妹只要说："三哥来了！"他也规矩。

我们亲兄弟姐妹七人，姐姐在国外。虽不是一母同胞，但我们哪一个都不觉得，都很自然地互相照顾。对远在海外异母所生的大姐，个个都非常想念。妈很早去世，几个弟妹都是大姐看大的，给他们缝缝补补，给他们洗澡，担柴做饭全靠她，就和妈一样。大弟弟一生以任汽车司机为业。一家六口全靠他的工资为生，可从来衣食不缺，他也从来没向谁开过口，因为用不着——兄弟姐妹都照顾他们一家。

这是我们家当年的规矩，如今想起，总引起深思和怀念。

我家权威

"你算老几!"

这原是讽刺人的话。我却平下心来,按字面的意思把惊叹号改成问号:"我算老几?"坏了,我算不出来。

我是头生的长子,可排行第三,因为母亲是继母,我还没出世就有了两位哥哥。按年龄长幼,我只能排第四,因为还有个姐姐。祖上传下的习惯,兄弟姐妹是男女分开排的,所以在我们排行里,她不算。姐姐是老三,她在姊妹行中排成老大,升两级。

父亲是铁路局小职员,见了上司要赔笑靠边站的。但一进家门,便是他一人之天下,孩子们看见他立时规规矩矩。饭桌摆好,他坐正中,菜端上来,他一人先喝酒,好菜都放在他眼前。广东人爱吃的鱼头、鱼尾、鸡尖全归他。我们一造反,母亲就吓唬:"你爸爸来啦!"立时生效。爸爸成了权威的代号。大哥早故,二哥便是二等权威,再就属我了,还是排第三。母亲和姐姐我们都不怕,不在话下。

二哥从小听话,功课好,在家里很受尊重,我没有见父亲说过他(北京方言,"说"者,责备也)。我作业不会,母亲就说:"问二哥去。"我淘气了,母亲就说:"瞧你哥哥,哪像你!"二哥从来不打人,也不骂人。父亲不在家时,他说话顶用,果然是二等权威。

老四比我小两岁,学问不如我。他功课不会,母亲照例说:"问哥哥去。"这是指的我。哥儿们难免要争吵的,一争起来,母亲准冲我瞪眼:"你是哥哥,要让着弟弟!他小。"他一淘气,母亲就可爱了,总是说:"瞧你三哥,哪像你!"我也就飘飘然,多少拿出点当哥哥的派头来。究竟年龄相近,不断闹矛盾,但在大人面前,我们有着共同利害,放了学招呼着去弹球、斗蟋蟀、逛市场,天不黑不回家。在他眼前,我说不上有什么权威,可他得喊我"三哥",那是尊称。有了尊称就须自尊,不能在"下属"面前丢人的。丢人,广东话叫"失威",意思更清楚了。

　　那年月,生孩子多算是福气,我下面还有几个弟弟妹妹呢。后来我在外省上学,几年回家一次。一到家,这些小家伙们老远就喊:"三哥回来啦!"连蹦带跳,高兴得很。母亲早逝,父亲年老气衰。老人总是偏爱小的,小弟妹们越发放肆起来。开饭时候,六弟居然和爸爸一同入座,而且公然站在凳子上,瞧哪盘菜好吃夹哪盘里的,实在没规矩。我喝了一声,他乖乖地坐下来了。他又贪玩,不肯上学。这还得了!我拿起鸡毛掸,用藤条在他屁股上打两下,他才抹着眼泪背着书包去了。伯母婶母管不了孩子,我一回来,她们有了后台,堂兄弟淘气,她们就喊:"三哥来了!"那是谁都怕的。妹妹们更胆小,也娇气,闹起脾气,只要三哥一到,不等发言,她们就吓得呜呜地哭起来。女的一哭,男的心就软,到底柔能克刚,她们没挨过打,也没挨说。姐姐身体好,又勤快能干。母亲去世后,家务事都靠她,也像母亲一样照顾弟妹。傍晚六弟回家总是一身泥汗,姐姐把他按到大木盆里,浑身洗刷干净才让上床睡觉。她到二十五六岁时才远嫁到南洋,至今没回来过。她很和善,我们都不怕,在她眼前敢淘气,可最后还得听她的,也属我们家的权威。这权威和男的不一样,谁都想她,有时想得要流泪。

以前生了孩子很难保全，做父母的大都要经受一次到几次丧子之痛。我们家境中等，保全了三分之二，剩下七个，现在年长的已逾古稀。我们分居六个城市，相距多在千里之外，但一有机会便互相探望。虽然都有了儿孙，见面也随便开玩笑。当哥哥和姐姐的也还是像童年时那样，但已不是什么权威，转化为说不出的一种特殊关系，古人称之为手足。手足连身心，同样骨肉，但相对而言，手总处在比足高的位置。一人有困难，另外几个就不舒服，不需开口，支援自来，尤其是处在手的地位上的。一个弟弟多年家庭负担过重，就是这么很顺利地度过了。前几年我丧妻，妹妹知道了，立即请假从外地赶来，使我得宽心，帮助我料理家务，住了一个时期，一切安定，才放心回家。

晓纲笔下的方成

我有三个孩子。平时我很忙，假期也难得休息。妻更忙，孩子都靠保姆带大。妻比我能干，孩子听她的，于是成了权威，我则大权旁落。孩子长大成人，我只好实行民主，在这种情况下，实行民主十分吃力，不仅费口舌，费脑力，也费体力，所以练就一身家务本领，除裁缝之外，其他活路那是手到擒来，绝不含糊的。三个孩子里，老大肯定是权威了，今后发展如何，一时还看不清楚。

这种权威的形成，自是出于一定的历史条件，所以才顺理成章，也是顺"礼"成章。所以那时它只能限于家庭这个小范围内。现在，这个范围扩大了，而且不以年龄计。现在人们尊崇雷锋，尊崇海迪，他们都是权威。他们不用藤条，不用责备。这权威，用北京说法，高老鼻子啦。

想起老家

北方天寒，树叶落尽，见光秃枝杈上的鸟巢显露分明。鸟巢，不就是鸟的家吗？可鸟儿不见，看来正像我们乡下的老家。常说"在家千日好，出门半步艰"这句俗话，可在我们广东，离家外出已是家常便饭，几乎家家都有人在海内外打工。我祖父伯父漂洋过海去美国，我都没见过他们，只在一九九二年我去美国开会，见过伯父的子女，我的堂兄堂姐妹。我大姐远嫁到南洋，我父亲、叔叔都是在北平（北京）和内蒙古，任铁路局的职员，我兄弟姐妹七人各居一方，现在只有我和大弟弟在北京。但对自己出生的家，却是一直怀念的。因为幼年时记性好，往事历历深印在心，故而难忘。我们在严父慈母旧家教下长大，正如我妈说我"见了父亲和老鼠见猫一样"，但我也享受过父亲的慈爱，一生病，他就和妈一样，处处关照，十分细心，和气得很。他每次教训就一句话："你想当拉车的，还是当坐车的？"那时北平交通工具除了一条路上的有轨电车之外，就是人拉的，"骆驼祥子"拉的那种车，叫"洋车"，原名"东洋车"，因为是东洋日本传来的。

我上学到初中一年级，贪玩，年终考试两门功课不及格，可把我吓坏了。因为三门课不及格就留级，升不了班，回家准挨严父狠揍的。经这一吓，我开始用心做功课。特别是在读高中这三年里，我住校，连寒暑假我都常自己补习功课。戏没看过，电影只记得看过一次。那时黄色书和照片到处可买到，广为传阅的《性史》和嫖妓照片都曾传到我手上，我一过目就立即舍弃，因为知道这种东西很容易毁人，我一直奉命考大学，不敢接触。闲时随意在本子上画几笔？和同学一道唱唱京剧，仅此而已，无其他娱乐。上课是门门必修，不敢旷课，不像有的同学，上《公民》之类的课不是偷看小说，就是千方百计缺课不来的。毕业时考试成绩在前三名，投考大学，三考两中。而且由此养成勤学习惯，恐怕这对我是最大收获了。

但回想起来，这种旧家教也有负面效果，我是深有体会的。奉命埋头学课本，一心考大学，以至于到了"两耳不闻天下事，一心只读圣贤书"的程度，报纸不爱看，国事不关心。只在那次"一二·九"爱国学生运动中才开始猛醒。上大学时，在同学帮助下，思想前进一步。后来从事漫画创作，得到同行同志友情相助和提携，才不至于读死书，心糊涂。高中同学，同班又同住的好友郭佑民（世琦）和我走的路就不同。他读书有选择，常看杂志报纸，上课不像我那么样样着迷，笔记不像我抄得那么细。考试时借我的笔记作准备，成绩却在我之上。他参加进步组织"民先"，我是不知道的。后来考燕京大学，我失败，他考取了。日本大举入侵，他从军在北京西山打游击，改名"高天辉"。新中国建立后我们在北京重会，那时，都已逾而立之年了。

一九九九年在左步村老家。左起孙顺玉（大妹）、孙继红（次子）、方成。

几次听家人说我是"书呆子"。求知以至于"呆",自然不值得称许,而由此造成性格上的胆小、懦弱,遇事也常不经再思,匆匆应付,这种缺憾我是自有所悟的。有幸的是,我的朋友多刚正,老伴陈今言也如此,对我助益多多,所以我曾对人说:我是"得天佑"的。我体会到,也说过:人的一生,总要受许多偶然性所左右。俗话"尽人事,听天命",其中也就有这意思了。

老 北 京

　　早年北京人有个特殊口味，喜欢喝豆汁。豆汁可不是现在哪里都有的豆浆，而是一种最廉价的食品，味道有点酸，听说是制粉丝的下脚料，吃不惯的人说，味道像厨房里的泔水，可老北京人爱喝。食摊小贩卖豆汁配咸菜，咸菜有三四种，都切成细丝，吃多少都可以。因为价钱最贱，贫苦的劳动者只需带几个玉米面窝头，就着烫嘴的豆汁，就是一顿几分钱的饭食。初来北京不久的人，是喝不惯豆汁的，所以能喝豆汁，就成为老北京的一种标志。甚至有些在北京住久的老外，离京多年后再回来，还特地去找豆汁喝呢。
　　我刚上高小插班，同学们对我这位北京话还说得不利落的"小广东"，很感兴趣，好像当做家里来的客人，亲热地照料。至今我常想念他们。许多名字我记得牢，有梁启永、高尔方、王连祥、岳鸿印、步丰驹、步恒均、刘秀芳、王振华。我喜欢和梁启永玩。下了课就在地上弹球儿（小玻璃球），是玩输赢的，赢了把对方的球儿当胜利品。梁启永会讲故事，讲的是孙猴儿、猪八戒跟唐僧到西天取经，和各种妖魔打仗的故事，我们可爱听了。下午一放学，几个人把他拥进教室，在地板上围坐听他讲。他讲得把我们都迷住了，总得讲上几段才把他放走。他很老实，容易交往。他弹球技术不如我们。有时我们几个人玩，输球的常说："上梁启永家捞本儿去。"梁启永父亲是位教师，爱孩子，我们去他家都受欢迎，和启永弹几回，就能赢几个球回家。王连祥上课时和我并排坐，他比我大一岁，对我照顾多。刘秀芳也比我大一点，我们在一起表演歌舞《麻雀与小孩》《葡萄仙子》，她笑起来鼻子会皱起小纹来，瞧着很可爱，我常想她。铭贤校歌我还会唱："不念书，就没有知识，如今得着念书了。风雪不怕，上学勤，先生和蔼学友好。要做好国民，求学哪怕劳。勤俭诚实，志气高，将来逞怀抱。"这是教会学校，英国教士密池小姐教我们英文、手工和图画，都称她"密教士"。她教图画课时常讲个童话小故事，讲完就让大家画出来。我爱上这门课，画得比较好。有的同学画不成，很吃力，都愿我帮他们画。

记得是在一九九九年，在一次纪念老舍先生的会上，见市立三中周继道校长。老舍是三中校友。我向校长说，我也是三中初中毕业的。他问我还记得哪位同学。我说出几个名字，他说，戚国淦是北师大教授。我找到六十四年久违的国淦，他说，步丰驹是和他同班上高中的。我到天津找到当了医生的步丰驹，看他的面相，和小时候在一块儿弹球儿的小步丰驹一模一样，只脸上皱纹把他变老了。别的小学同学一个也没找到。我今年八十四岁，恐怕难找到了。

老北京人重礼貌，也诚恳。你问路，他们会说得很详细，如觉不大方便，他们会为你引路走一段，到你认清楚为止。饭铺的堂倌真有本事，一个人能侍候好几桌顾客。顾客一进门，他就来招呼说："您来啦，里边请，几位呀您哪？"一落座，把碗筷之类摆好。不需菜单，他会一口气报上一大堆菜名来："炒肉丝、熘肉片、摊黄菜、木须肉……"这是小饭馆的家常菜。大些的饭馆，菜就更讲究，品种更多，都凭他一口气报上来，既清楚，又快。中午顾客满座，您瞧他跑得更欢，刚侍候这一桌，那一桌顾客一着急，他一转身就回说："请您稍候，马上就来。"这边一完事，三两步就跑过去。有催快送菜的，有催快干别的什么的，他能左右逢源地照顾得令人安定下来。吃完算账，他也一口气算出来。收费有给小费的，就大声报出道谢，其他堂倌随着齐声喊出。等人漱了口出门，还热情地送行，还说："您下回再来呀！"小饭铺做出的芝麻烧饼和肉包子都很好吃，为的招徕回头客。不像现在，做烧饼、肉包子的许多外地打工的人，做出来的就差了，因为他们干几年就回家，手艺没练出来。我上学在外面吃早点，天天吃烧饼果子的。上到高中，学校在阜成门外月坛内。去西单商场时，路程总有十来公里，乘人力车（称洋车）只需十六枚铜元，那时（一九三五年前后）一角钱换二十四大枚。所以拉车的人生活很苦。可他们有的还挺爱讲幽默话。做小贩的，你问他生意如何，有时他会说："赔本儿，赚吆喝啦。"到市场买菜，老太太花几个铜板买一小碗酱油，加上香油，再买些菜，临走顺手拿几棵葱或一块姜，掌柜的也不会说什么的。听相声里的段子，如《报菜名》《怯拉车》《怯剃头》《拉洋片》等等，都是北京生活中来的素材。老北京人最恋家，不像广东人国内外四处谋生。俗语"在家千日好，出门半步艰"可说是北京人的老话。因此他们守旧规，是保守性的。看来是几百年封建王朝首都造成的一种普遍性格。还有句俗话："京油子、卫嘴子、保定府的狗腿子。"更明显是封建国都造成的后果。"京"指北京，"油子"是圆滑的意思。在封建官僚势力严密控制下，老百姓说话一不小心就会惹祸，不得不处处留心，说话就得学会拐着弯，哪能不滑？要贫嘴也是由此而来，那属于苦中作乐了。"卫"是天津，称"天津卫"，一军事重地。天津属滨海城市，工商口岸。做商业中人，嘴总比较能说善辩，就称"卫嘴子"了。"狗腿子"

指的是衙役。衙门里当差的，那时保定人最多。当然是因为保定离北京近，在北京当衙役的人，总会把自己乡亲带过来干同样的职业。老百姓最恨那种为虎作伥、欺压百姓的人，贬称之为"狗腿子"。如今衙役没有了，保定人的这种坏名声自然不会再有。还有，早年农民生活艰苦，妇女家离北京近的，就来当雇佣，所以有"三河县的老妈子"的俗话。三河县离北京很近，自然来的多，也只能当"老妈"，即家庭服务人员，今俗称"保姆"。早年北京人吃不上自来水，吃井水。有专门推车送水的，大多是山东人。他们身强体壮，挨家送水，送一回给一个小竹牌儿计数，到节日来取水费。百姓家都有茅厕，就有专业掏粪工人，隔些日子背着粪桶来一次，也是同样到节日来收费的。在熟识的商店买东西多记账，在饭馆也一样，到一年三节或其他日子来收账的也有。商店售货员（那时称伙计）工作都很热情，因为掌柜的都管得很严，不许使顾客不高兴的；得罪了更不行！我是从一九二七到一九三六年在那里，那时不叫北京，改称北平。街道除像东交民巷（外国租界）和什么大帅住的地方之外，全都是土路。大车走过的地方，车辙压出半尺深沟，骑车走过，倘不小心陷在车辙里，准摔下来。所以北平有个人所熟知的一句"无风三尺土，下雨一街泥"。遇到春天常刮起大风，土刮起来，虽还不至于伸手不见五指，却也对面认不出人是谁来。所以每家门上或屋内近门的地方都挂着个用布扎成的掸子，人还没进门，先把身上的尘土掸掉。汽车全市只见过很少几辆贵人的轿车。公共交通工具只两样，一是有轨电车，记得只一条铁轨路；二是洋车，即人力车。驴或骡子拉的车不多，我坐过一次。西太后逃出北京时，乘的就是这种车。自行车我国无产品，都是东洋日本造，人力车也一样，所以叫"洋车"，原来叫"东洋车"。我见街坊人家里，没出嫁的姑娘身上裹得很紧，大腿是不露的。但结婚生了孩子的妇人，奶子是可以外露的——我见到的是三十多岁的妇人。有一次，在电车上无意中踏了一位妇人的脚，她颇带批评口气说："哟，您不嫌硌脚啊！"我赶紧道歉说："对不住，我没瞧见。"还看见两人打架，头破血流，警察来问时，两人都指着对方说："您问他。"有一次在西单商场小摊上买文具，一摸口袋，钱带不够，正在发怔，小摊贩说："您先拿去，下回再把钱带来。"下次去才把余款送还。我父亲任铁路局文牍课课员，每月工资一百二十元，但常欠薪，给不足。他失业后，我每月靠补发他的欠薪中取出的二十元交学杂费和伙食费。我家除父母外，有二哥和大姐（她已从乡间来），我和两个弟弟，两个妹妹，请一位老妈，一位给妹妹喂奶的奶妈。共十人，每天都有肉食。西四牌楼附近的隆景和食品店和菜场里的鱼店，每到节日都派人来我家讨欠的钱，有时是父亲自己去结账的。父亲唯一的娱乐是打麻将，每星期六，他和同事们轮流做东，在各家打牌吃饭。赢了的，每回给一点"头钱"，头钱归东家，老妈、奶妈从中分到一些。父亲秃顶，那时才四五十岁，外号"和尚"，对人很和气，可对我们很严格。听老妈赵妈说，她和袁世海有亲戚关系呢。在那些年里，记得我只随母亲看过一次京戏，看的是李万春的表演，记得是《白水滩》。上高中

老北京

在弘达中学二院和同学李玉泉

时全家已迁返中山。我为准备考大学，功课抓得很紧，没时间看戏。但在校中常唱戏。同学刘士谦会拉胡琴，我学会唱《捉放曹》《乌盆记》《甘露寺》《卖马》《贺后骂殿》《打渔杀家》各一小段。电影记得刚来北平时看过阮玲玉主演的影片。我表姑林惠馨长得像她。上初中时自己去看过一次，那时票价二角，被父亲知道挨了骂，说我乱花钱。那次看的是《大路歌》，这歌我会唱，是以后学的。

也许因为我会画，朋友多。上高中时，住宿舍是三人合住一间的，我为准备考大学，找功课最好的赵如梓、侯树珩两人和我同住，得他们的帮助。那时学校二门外有一片松柏树林，长得很密，我常去那里闲步，背英文。新中国建立后一棵也不见了，估计是在一九五八年"大跃进"时期大炼钢铁运动中砍光的。

市场文化

一九三一年我考上北平市立第三中学。这时我们家已经搬到西四牌楼附近的人拐棒胡同一号。离这胡同不远，也就是在路北，离牌楼更近些的地方，有个空场，场外门上写着"西安市场"。这市场如今已经不存在了。当时里面有许多小食摊子，卖的是北京通行的小食品如粑糕、凉粉、灌肠（淀粉制品）、油渣、爆肚、饸饹之类，夏天卖雪花酪等等。靠北面有个茶馆，靠南边有个小书铺，卖新旧书，也买旧书。空场里还有曲艺和杂技表演。有说唱鼓书，说相声，变戏法，摔跤，耍钢叉，打弹子（用弓）的等等。因离家很近，我有空就去玩，有时和弟弟一同去。还有卖蛐蛐儿（蟋蟀）的，卖洋画儿的——这是香烟包里附送的小画片，画的是小说里的人物，如《三国演义》《封神榜》中的关羽、曹操、姜子牙、申公豹等。这一切都是儿童很感兴趣的。

我父亲见别家孩子会看小说，给我买了一部线装的《西游记》。后来我看得入迷，吃饭时要喊我才去的。父亲怕我误了功课，再也不给我买小说看了。我零用钱很少，买不起书，就到西安市场里的小书铺和主人商量，用这部《西游记》换他一部薄些的小说。他见有利可图，就换给我一本也是有打仗的小说。这本看过之后又上这书店来换，有时需加点钱。我偷钱开始就是用来买书的。后来见有卖得很便宜的，现在想来，其中有的必是盗版书，卖价是按书价打一折八扣的数。在我上初中这三年里，我天天看小说。看得也快，凡书中题的诗，人物的相貌服装描写，我都放过不看，不识的字也顾不上查字典。这书店里旧小说极多。《西游记》我看过后，接着看《封神榜》《三国演义》《水浒传》《东周列国志》《说唐征西》《北宋杨家将》《精忠说岳传》，以至于像后来出的《七侠五义》《雍正剑侠图》之类，凡有打仗的都看。还特爱看像《济公传》《徐文长故事》《儒林外史》之类滑稽有趣的小说和故事。《红楼梦》里没有武打，我不看。《聊斋志异》这种十分动人的故事也很吸引我，虽是古文，也能看下去，因为书中有一些古文的注释。我眼睛患近视，就是看小说入迷，在灯光不足之下也急着看下去，日久天长，就出毛病了，自己却不觉得。三十多年后，我从化工研究改行从事文艺工作，我的文学知识和历史知识，因看这些小说得益不少。

　　我爱看曲艺和杂技表演。曲艺杂技表演中常带有一些滑稽逗笑的说白，有俗语"无笑不成书"，指的是说书时要有逗笑之处，以此使表演显得活泼，吸引听众。其他曲艺和杂技表演中也会同样有逗笑的话和表演，如变戏法有时故意出错引人笑起来。相声更是专门逗笑的，我最爱去看。在西安市场说相声的艺人外号大头鱼，我去听过。他说得不好，格调也低，见有女人路过来听，就很快劝她走开。我知道西单商场有相声表演，也是在商场内广场中摆地演出——就是在地上围出一片地方，四围摆上许多长凳给听众坐的，有的上面有布棚——艺人是有名的张傻子（张杰尧）、高德明、绪得贵、汤瞎子（汤金澄，近视，擅口技）和朱阔泉（很胖，外号大面包，是侯宝林的师傅）。西单商场离我家不很远，我常去看他们的演出。

　　在茶馆里有皮影戏可看，我也是常去的。记得是唐山皮影

戏，有说有唱，看来很有趣。星期日我常和弟弟两人去逛市场，看曲艺和杂技表演，买玩具。孩子们喜爱的东西不少，可以买到洋画儿、蛐蛐儿、蝈蝈、风筝、羊拐骨，买便宜的小吃。我们两人常去听说唱鼓书，带几个铜板，就能坐在长凳子上听得入神。摔跤和变戏法的都有不少说白，光说不练的时候，孩子没耐心，就去听说唱鼓书，说的都是武打的故事，听来有趣。又常到小书铺里挑小说来买。我上初中这三年里，假期大都是在市场里度过的。小说里有人物肖像，我常照着来画，还画小说里的故事，画了有时贴在墙上。我父亲因此托朋友介绍，每星期到画家徐操（字燕荪）先生家，向他学传统人物画。徐先生是著名的人物画家。介绍我去的很可能是画家胡佩衡先生，他和我父亲同事。和我同去学画的，还有一位三四十岁的人。徐先生画一幅人物，让我拿回去临摹，下星期交给他看。他指导后，另画一幅要我拿回家临摹。我的假期就是这样过的。不

一九三六年高中毕业。左起：前排欧阳钊、孙顺蛟、孙顺潮（我）、梁思衡。后排：严北宽、张英杰、林书容（林英）、李浪萍。林英后任海南大学校长，张英杰名字记不准。

料我只去过十来天，因我父亲被裁失业，我学画不能继续，中途停止。此时我已将近初中毕业。父亲携眷回广东中山乡下，我投考有学生宿舍的弘达中学二院，是在阜成门外月坛里面。因忙于功课，准备考大学，很少进城，也没多少时间再进市场看表演。从一九二七年来到北平，一九三六年考上大学才离开。在这九年多里，我和外界接触最多的就是西安市场和西单商场，尤其是前者，因离家近很方便，对我影响是很明显的。在这种市场文化影响之下，我热衷于有趣的书和曲艺表演，养成对谐趣文艺的爱好。我家看的是《小实报》和《实事白话报》这种小报，上面有滑稽的连环漫画《毛三爷》和滑稽的快板、顺口溜之类的小品。我既学着画，也学着写。我终于从事漫画与杂文创作，就和幼年时经受这种市场文化的熏陶是显然相关的。所以有人问我为什么以幽默文艺为终身事业，我就提到幼年时受市场文化的影响。

北京有几百年封建古都的历史，人们在语言上很受约束，出言谨慎，重礼貌，曲折性的话语多，会养成幽默感。一九五〇年末我去俄文夜校学习时，就听过很多有趣的对话。学校借灯市口育英中学校址，校门外有卖食品的小贩。一个卖水萝卜（即"心里美"）的贩子吆喝："萝卜，赛过梨咧！"接着一个卖梨的小贩吆喝："卖梨咧，萝卜的价儿！"我听了觉得对话很巧又有趣。传统相声盛行于北京。清朝时，旗人属于皇族，享受朝廷的优渥生活待遇，吃公粮。人闲起来，好游逛，爱听逗趣的相声。有文化修养的人有的也说说相声。有的相声如《对春联》《八扇屏》《纪晓岚》等等，这些相声段子就很可能是这些人帮助写的。相声是贫苦艺人的谋生手段，他们没有受文化教育的条件，而且其中有文盲，不可能编出这种有点文化水平的相声。所以在北京生活的人，容易和谐趣性语言接触。在市场曲艺表演中，自然会给人以谐趣性的享乐，而幽默是从谐趣产生的。常听到谐趣的语言、看到谐趣的表演，会使人领悟幽默的意味，学到一些幽默的运用技法。有些学者认为，人的幽默是天生的。从我自己的经历看来，我幼年少年时期就不知道什么是幽默，不会说幽默的话。因为在市场文化的陶冶下，开始对谐趣感兴趣，喜欢看这类的文字，看谐趣的表演，自己也学着说有趣的话。在大学里画漫画两三年，学会一点幽默艺术技法。从自己的创作实践理解，幽默是一种艺术，是一种艺术技法。艺术不会是天生而能的。我还发现熟识的人，平时不见他们有什么幽默的表现，后来从事幽默艺术创作多年，他们的作品就挺幽默的。显然是在创作实践中逐渐理解，因而会运用；也就是说，幽默是学了才会运用的。

　　当然这也与人的天赋有关。人各有其天赋之才，有人较聪明，理解力强，有人差些。有人对数学有天赋之才，学来比别人快，用得比别人灵活；有人对绘画有天资，兴趣大，学得快，用得好；还有人对体育运动兴趣浓，反应迅速，练得好，如此等等。但仅有天赋，不学就不会，不多经实践，所能也是有限的。做任何事情都如此。对幽默的学习和使用，道理也一样。

老师的名字

古时候，老师的名字好记，因为人少，甚至只有一两位。现在呢？课程多，老师也常换。我上过十几年学，算起来，老师们倘使都健在，一齐来到我这三十五平方米的住所，腾空了屋子都站不下。我的记性好，读初中时，年终考试前两天临阵磨枪，能硬背三百个英文单词。就是在"造反派"掌权的年头，几十尊"牛鬼蛇神"当中，每天早晨背诵"老三篇"和《南京政府向何处去？》，我是数得上第一第二的，但早先老师们的名字记得的连一半都不到。

小学老师我记得名字的只有两位。一位是英国教士密池小姐，我们喊"密教士"。她教图画、手工、体育（俗称图工体）和英文，这都是我得分最多的课。另一位是王文才级任老师，师范学校（可能是师大）毕业的。上六年级时她教的一课书，现在我还背得出来。再一位老师只记得姓王，他是全校唯一的男教师，而且是罚过我下跪，还在我脑袋上猛敲一记的唯一的师长。上初中时我记得最真切的是身量不高有点胖的衡平老师，他教图画，也是我得分数最多的课。他送过我一盒水彩颜料，我几乎是捧着走回家的。后来的图画老师是白眉初老先生，画得好看，更好看的是曾替他代课的女儿白幼眉老师，同学都喜欢她上课，小孩子也是爱美的呀！

高中老师我记得的就多了。学校是私立的，入学很容易，

有的学生不来上课，到时候也能领到毕业文凭。学生自然不少，大多是认真来上学的，因为聘任的教师很多是出色的。像数学教师马文元、李观博，化学教师林鸿植等，听说以后都当了大学教授。英文老师陈嘉霖是和林纾合译小说的译者。国文教师蹇先艾现在是著名作家。体育教师刘仁秀是全运会三铁冠军，刘冠军是著名篮球健将。一九四九年我回北京到母校拜望老师时，只见到王育黎先生，虽已白发苍苍，却神态依旧。他是十分严格的训育主任，对肯用功的学生非常喜爱，记性特好。我们叙旧长谈，几十年前的同学他还一一叫出姓名，互相述谈他们的近况。我能考上两所大学，就是这些辛勤的教师们日夜操劳的成果。

　　上大学，我读化学系，老师的名字记得最全。上课时间长

一九八五年和蹇先艾老师在一起

的是叶峤、黄叔寅、邬保良、陶延桥、钟兴厚几位老师。可是接触最多的是生物系的汤佩松、高尚荫、石声汉，数学系的吴大任、李国平，物理系的马师亮，矿冶系的李文采，还有外文系的朱光潜这些并非我本科的教授们。而且大都没听过他们讲课。他们喜欢和学生在一起，打网球、玩桥牌、郊游，欢迎学生到他们家里去。我走进他们的实验室，默默地看他们严肃紧张地工作，看到他们在家里的活动。他们不把我们当客人，有话就说，高兴了说笑话，讲些治学和生活上的事情。我还年轻，自然听得多，看得多，讲得少。天长日久，不但有些见解，甚至连走路、说话也在学他们。

我的老师很多，这里讲的是有正式师生关系，见了要脱帽鞠躬的那些。有一种说法：人是上帝按照自己的模样捏出来的。上帝是神，这话自然是神话，是真是假，看不见，摸不着。看得见摸得着的造人者是自己的父母和老师们。课堂上的老师教我课堂里的知识，课堂外的老师教我课堂外的知识。当时处在半封建半殖民地社会，从他们那里学到一些可贵的民主思想、正派作风和严谨的治学态度。现在我改行从事艺术工作了，各方面文化知识都是在课堂内外打下基础的。我读的第一本幽默讽刺艺术理论著作是柏格森著、张闻天翻译的《笑之研究》，那是朱光潜老师介绍给我的。至今我还在不断向他请教。

我当过一年中学教师。上课时学生们总要看我的衣袋，那里面经常装着一叠裁好的小纸片，随时可能掏出来发给他们考十来分钟。下了课常和他们玩耍、说话。淘气的小家伙在我背上画过王八，他们笑过之后便自己跑来擦掉了。不知道还有人记得我这个老师不。

最初的漫画路

黑白社

在抗日战争时期，（武汉大学迁到四川乐山县）迁到后方的大学里，学生的课外生活是相当活跃的。特别是文、法学院的同学，办了许多贴在墙上的壁报，有政论，有各种文章，都张贴在城里文、法学院所在的"文庙"墙上。理工学院在高西门外的露济寺，都是借用宽大的处所当教室、实验室、图书馆和宿舍等等。文庙墙多适于张贴，我极少去看的。

办壁报原是件很普遍的事，主办的和参加的人数不少，而对我来说，却是改变我生活历程的一件大事。

我从一九三七年停学，在香港住了一年半，到一九三九年，该复学了。那时大片国土被入侵的日军占领。我绕道经安南（今越南）、广西北上，如期到达武汉大学迁来的四川乐山县，报到入学，继续读化学系。我和政治系同学季耿都参加"抗战问题研究会"的话剧活动，他是导演，我是化妆师并主持音响效果。有一天晚上演出结束后，我们两人和李金熹、周钥、茅

一九三六年在武汉大学。左起：方成、班继超、周继颐。

於榕、张钟琪几个人回宿舍睡觉。路过一家小饭铺时，季耿想喝酒，约大家一起，敲开已经挂了"毕"字牌的铺子，进去喝点酒，吃碗面。那时学生刚随学校迁来不久，手里还有几个钱。酒至半酣，季耿提议大家一块儿办一张文艺性的壁报。他和我都会画，他还常刻木刻，李金熹会写诗，写文章，周钥会作曲，茅於榕和张钟琪一个拉胡琴，一个唱小生，在学校里都是拔尖的。听他一说，都同意，并为壁报取名《黑白》，壁报社就叫"黑白社"。我们分工各负责一方面。季耿主持版画，我主持漫画，李、周二位各包一栏，只需组织不多的稿件就成了。决定和其他壁报一样，每周出一期。

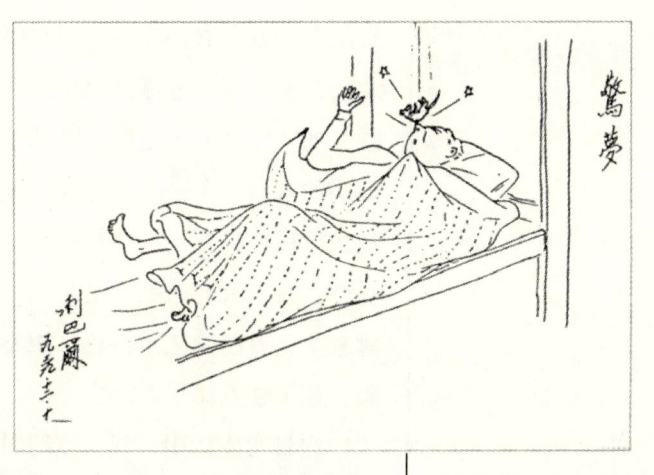

《惊梦》（一九三九年）

出第一期的壁报，大概是在一九三九年秋冬之际，天还不冷。我以前很少画漫画，记得读高中时试画过，也写过打油诗。一九三五年因参加"一二·九"爱国学生运动负责画宣传画时，其中有漫画，但画得少。开始只知道画有趣的事和新鲜的事，那是从报纸杂志上看过的。因为生活条件艰苦，许多事看来反常，就觉得新奇，如电力供应不足，夜间在电灯下还须靠点燃的烛光才能看书写字；借用的教室宿舍多在几十级台阶的高坡上，天天要"爬山"之类。全校就我一个人会画漫画，只有我一个人的画占一个专栏，每周必须画一幅。一下课就到处找漫画的题材。

最先画的是自己身边的事。因为经济来源中断，穿的衣服、袜子破了没钱买换新的。乐山气候潮湿，居处简陋，老鼠多，常跑来把鞋和衣扣咬坏，咬开棉被吃里面残留的棉子，食物更须挂起来。因此老鼠就成了漫画题材，也较容易画成有趣的漫画，如《惊梦》。记得我刚到学校，住在观斗山宿舍，睡的是两层的木床。头一晚上被臭虫咬得无法入睡，只得爬起来先抓臭虫，抓住掐死，放在折成的纸袋里。一看真多，掐死一个数一个，直到天亮一数，足足六十个。想起这件事，画成《一觉醒来》，有漫画艺术特色。想不出漫画题材，就画些报道式的画，如《在茶馆里》。

在日常生活中，我自然时时注意，随处都用心发现有趣的情节，画成漫画。我常看上海出版，黄嘉音办的《西风》杂志上转载的漫画，主要是从美国《笨拙》杂志和美国《纽约客》杂志转来的连环漫画。看得多，从中学到一些表现技法，就像编故事（笑话）那样画成连环漫画，如《半生不熟》。

渐渐也画起讽刺性的作品。在学生生活中，总会有一些应该批评的事。漫画是评议性的画，自然会画出来。男生不讲卫生，也会出现一些不讲公德的行为等等，在社会上也会遇见不

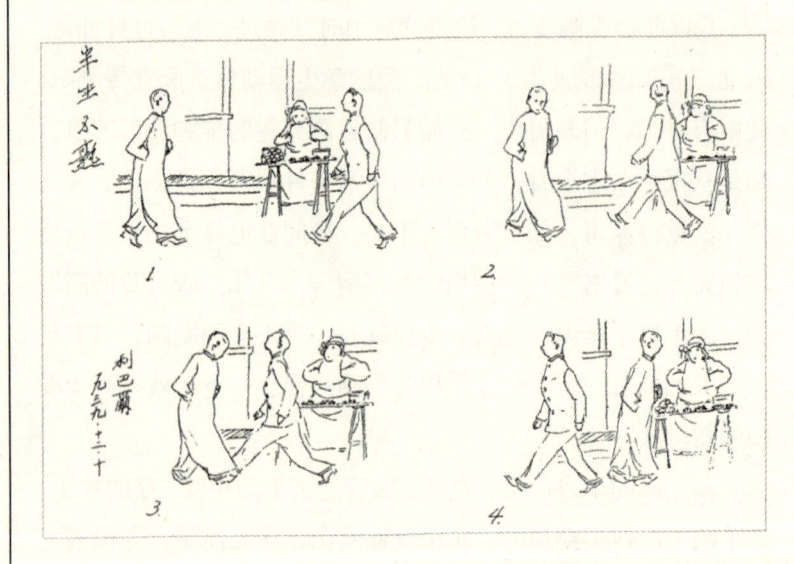

《半生不熟》
（一九三九年）

少令人不快的事，都是漫画所评议的题材，为此画了一些讽刺性的作品，如《购物图》。

过去看的漫画，大多是谐趣性的。生活在北京时，看到的也就是这类的画多，因此开始作漫画，除了画生活插曲式的描写，就是谐趣性作品。单幅画也就是从日常生活中取材，再现当时的生活动态，后来看了引起人对当年的回忆，如《催交伙食费》。

漫画可说是一种语言形式，想说什么就画出来，但表达是讲究谐趣和幽默的，这是漫画艺术方法的特性。语言很自由，什么都说，漫画也就同样自由，什么都可入画，当然也须遵守艺术品的共同要求，以美的手段用笔。

因为漫画创作涉及方面较多，既是评议，又讲谐趣和幽默，不易理出普遍作画的规律，至今未发现教导的一般程序，难编教材，美术院校尚无教授漫画的课程。尤其幽默是很难掌握的一种艺术方法，难写出可用的教学程序。所以学习只能从名家作品借鉴。我是看了报刊上发表的漫画学来一点表现方法，并在不断的创作实践中逐步改进的。我的绘画基本功是从画写生和速写练出来的。没有必要的绘画基本功，作画无从入手。写生和速写，画在纸上的大都失落，只画在本子上的保留下来了，都是离校以后画的。

我一九四二年从学校毕业，入黄海化学工业研究社从事研究工作，就不大想画漫画的事。因爱画，假日中常到各处游玩，画点速写，也常为同事们画像。我在壁报上发表的漫画，是画在道林纸上，发表时，就贴在壁报底纸上。文章也是贴上去的。壁报底纸是一张比报纸大一些的空白纸。壁报每周出一期，上面贴的画，我都摘下保存。在工余时间，有时把这些画复制一份，有的作些艺术加工，但很少。有时回忆当年的事，也画过

几张，如画雨中提着鞋走路，画抗战胜利后街头景象之类，画的也不多，都是作为业余消遣，并没有以此为业的打算。因为我对化工研究很感兴趣，这个研究社又是国内有名的研究机构，社长以及许多同事对我都很好，相互间有感情，我不会有不满意之处的。

从我在壁报上发表的那些作品，很明显看出，我未曾受过美术教育，是图画和漫画的爱好者。也可以看出，在连续作画的过程中，画的艺术技法有进步，也就是说，是在创作实践中取得的改进。开始是从谐趣着手画的，所画的也就是新奇有趣的事，然后才画出有明显漫画特点的作品来。画的题材都取自身边，对外界画得很少。这也正是初学漫画的普遍表现。其实幽默讽刺作品的创作，包括卓别林和侯宝林的艺术，都是从谐趣，也就是从滑稽开始，然后才创造出幽默讽刺作品来。

一九四二年，我们毕业了，《黑白》壁报于九月结束，黑白社社友各奔前程。新中国建立后，季耿在重工业部工作，在

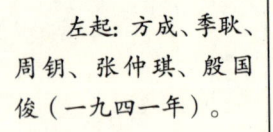

左起：方成、季耿、周钥、张仲琪、殷国俊（一九四一年）。

展览工作部门任职。一九五七年被错划"右派",下放到察哈尔(今划归内蒙古境内)赤峰铜矿监督劳动,不幸死于癌症。张钟琪赴美国,不久贫病去世。茅於榕亦被错划为"右派",在"文化大革命"中被监禁,狱中关了七年,平反改正后在重庆当教授,已去世。李金熹在"文革"中死亡。周钥在台湾工作,已退休。

《一觉醒来》
(一九四一年)

四年"黄海"

"黄海",全称是黄海化学工业研究社,是民族企业家范旭东创办的工业集团中的研究机构,与其他两个机构,制碱制酸的永利公司和久大精盐公司,三者合称"永久黄"。都是从天津迁到四川来的。"黄海"和永利川厂在乐山县南的产盐区五通桥镇,"久大"在川南的产盐地自流井(后与贡井合为自贡市)。有"永久黄"联合办事处在乐山。

我进"黄海"说来也巧。至今想不起是怎样进去的,隐约记得像是学校教授介绍的,生物系教授石声汉老师是"黄海"研究员,不知是否他的推荐。当时"黄海"正准备社史的展览,估计是因初次迁来不久,向外界作自我介绍。内容既有过去的工作与成果,也有来此之后的工作内容和成就,例如为盐场设计节省燃料的枝条架,查出造成十分严重的痹病(俗称"趴"病,"趴"是读音,川语意为很软很熟烂)的病因。武大同学就有多人死于这种病。"黄海"分析当地生产的盐,发现含钡量很多,钡有毒性,正是造成痹病的祸首,由此又作出排除钡的方法(用芒硝使钡沉淀排除)。

展览中的展品,主要是各种化学制品、试剂、图表之类,连照片都少,看来未免单调不易引人注意。我去了,正好用得上。社里知道我会画,又是新进去的年轻人,就派我为展览作布置。这可使我大显身手,用漫画艺术加工,使枯燥的图表和

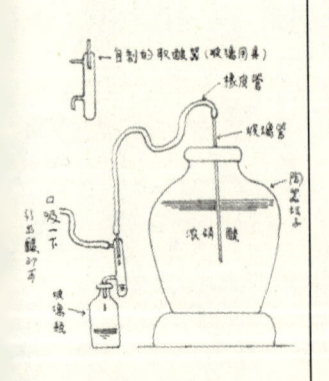

解说词活跃起来，提高了展出效果，领导和同事是满意的。

我被分配在分析室，在赵博泉主任领导下工作。社长孙颖川（学悟）博士，副社长张承隆（子丰）先生。有机室主任魏文德；菌学室主任方心芳，下面是阎振华、萧永澜、淡家麟；分析室除我之外，有谷惠轩和新来不久就离社出国、记得是姓郑的一位年轻人。此外有会计、出纳和行政人员，都很少。社长是化学界有声望的人，路过五通桥的官场的和其他方面的名人，会来拜访他或来参观的。冯玉祥将军就来过。

我从学校毕业，未交毕业论文。当时条件十分困难，校中做实验的仪器，药剂和各种化学用品奇缺，学校允许毕业以后补交。我在研究社工作，更是方便。我原想研究制药的，就在导师石声汉教授指导下，对中药神曲作成分的分析。我未学过有机化学分析的实验，又无有关分析方法的参考书，都是在导师指导下，从国外订购的化学杂志中找可用的资料，自己设计

四年「黄海」

一九七二年在北京。左起：赵博泉、王开悌、吴冰颜、魏文德、武静淑、萧永澜。

方成世纪人生

一九四三年在四川乐山。左起：方成、张荣善、张高峰。

孙颖川社长与夫人

方法来做。而"黄海"同样缺足够的仪器和药品，用简单方法去做很难收效。在导师同意后，论文改为对当地盐卤中锶含量的定量分析，由赵博泉主任指导。分析时，用浓硝酸代替水，从盐卤中使锶化物沉淀，以此测定锶的含量。浓硝酸有强烈腐蚀性，沾一点皮肤立即烧成黑炭。从陶坛里将硝酸取出纳入玻璃瓶中，须十分小心用玻璃管套上很长一段橡皮管，再用口吸出。有一次，我见魏文德在用酒精灯将玻璃管黏合，看来有趣，向他学了。后来我就用这技术设计制出个玻璃套管，以此既方便又安全地从坛里取出浓硝酸。我有许多实验工具是用玻璃做的，都小巧方便。记得是在一九四五年，永利川厂建制碱厂时，因技术员不足，从"黄海"把我调去，干了半年。"永利"设在离五通桥约五公里外的郊区。公司人多，业余活动有京剧团、话剧团、歌咏队、球赛等等。我参加歌咏队和话剧团的活动。我调回"黄海"之后，一听说有活动了，就跑去参加一天，然后在星期日把离开时的工作时间补上。赵主任不了解这情况，发现我一天没上班，就把我请到他家，很温和地像老兄长那样四年「黄海」

一九八一年在北京重聚。左起：方成、张荣善、张高峰。

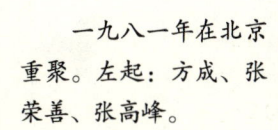

批评我，使我感到友情深厚，立即改正了。主持话剧团的是翻砂厂厂长萧志明，由此和技术员张荣善相识，成为挚友。在"永利"半年中，交了许多后来联系不断的好友，除萧、张外，还有工程师寿乐、凌安娜夫妇、李祉川，又是同学的魏立藩、陈发元、程日华和黄力行。新中国建立后，总工程师侯德榜任化工部副部长，萧志明任广东省化工厅总工程师，凌安娜在音乐学院任教，李祉川任大连市人大常委，魏立藩在化工部任总工程师，程日华、黄力行任南京化工公司和扬子化工公司总工程师。资深的老工程师寿乐和鲁波在政治运动中自杀。

使我难忘的是初次情场失意。对象是四川大学外文系毕业的郭小姐。在"永利"半年中常会面。她是带有西方风度的女孩，是话剧活动积极参加者，会画画，会粤语，很聪明，对我很友好。有一天晚上，她说家里没旁人，约我去谈，互相画像。她画得很像，我因心不在焉，总也画不成，但这一次的相会引起我的遐想。我知道有热情追她的人，她一直不理。因此有一天特约她到后山，明确向她表态，不料竟被拒绝。以后每次通信受拒更甚。在我属初恋，心情大受挫伤，后来虽然她还特意约我相

侯德榜

副社长张子丰

陪一同去乐山，一路却无话。住在"永久黄"办事处时，晚间听她在别的房间和别人谈笑风生，更加令我苦闷心烦。从此夜夜失眠，觉得不能在五通桥住下去，决定远离。这是促使我改行从事漫画工作的重要原因。由此之后，我将《黑白》壁报上揭下的漫画的一部分加工复制，一部分复制原稿。一九四五年八月，日本宣布投降，"黄海"作迁返之际，把不用的书报销毁。我从其中许多上海出版的英文报刊中发现大量西方政治讽刺画，过去我从未注意，因极少见，自己也从未画过，都剪了下来保存作参考。后来在上海开始画单幅，就是仿照这些作品画的。

我决心离川改行，业余时间加紧复制自己的作品，也靠记忆为同事们画像。曾在乐山展览，之后在自流井展出，用门票收入付路费。那时黎丁在自流井《新蜀报》任职，曾写文章评过我的画展。在此之后，托人把画带到成都展过一回。我自己去重庆展过一回，现在已经想不起来为什么事去和怎样去的了。

在"黄海"期间，我为同事们画像，那时技术已有改进。范旭东和侯德榜来，社长副社长和他们谈话时，我为他们也画过像。他们对我都很友好。在这四年工作中，我感觉范老总的工作作风，和孙社长一样，把企业事业办成像个大家庭一样，对职员既严格要求，但一点也不像老板对下属那样。对得力人员，就派到外国大学里进修。川厂的鲁波、李祉川、萧志明等和"黄海"的赵博泉、魏文德都曾被派出留学，回来仍在本单位工作。张荣善出国，费用也是向企业领导人借的。我和其他大学毕业生，在这企业中工作，都很自觉，肯用功，后来很多人都在本企业或派出到其他单位任总工程师。我还没听说过谁是对工作不满意而离开的，也没听说谁无故被开除的。我离开"黄海"和"永利"，至今和那时的很多朋友一直联系不断，直到他们去世永别。

记得是在一九六一年，我出差（记得是被邀）去上海，住在锦江饭店。有一天，听说化工部也在这饭店开会。我跑去观望，看有无熟人。我见到好几位是“永利”的同事，包括侯德榜、谢为杰（冰心之弟）和另外好几位。在研制导弹和后来主管原子能方面的领导人姜圣阶，也是原“永利”的工程师。河北省化工厅总工程师郭保国，天津市化工局总工程师侯虞箎，原都出身于“永利”。任轻工业部部长的李烛尘，原是久大精盐公司总经理。

我对在“黄海”工作，是很感兴趣的。社长有时和我们在一起闲聊天，我们有时也去他家，向他夫人要东西吃，和他的公子们很友好，像是他家亲戚。和副社长以及几位主任也很友好。当中国化学会在五通桥开会（可能是年会）时，赵博泉主任鼓励我和几位主任一同，在会上宣读自己的学术论文。我的论文就是对当地盐卤中锶含量的定量分析方法和结果。

五通桥是个风景很美的小镇，当地人也朴实，很易相处。一到假日，我们几个年轻人爱到外面走走。那时工资收入很低，坐茶馆是最普遍的休闲了。当地采盐工人更苦，我见过一位工人，放假时一个人坐茶馆喝酒，下酒的看来好像是一头大蒜，也可能是炸豌豆。盐商很有钱，吃得肥胖。河里有船，我们有时上船上玩，费用不多的。

“黄海”借用的是个靠小山坡的大院，书籍和实验用品是从天津带来的。因无煤气，喷灯燃料只能用酒精，一切都很简陋。因处盐区，和当地盐商盐场和盐厂关系密切，研究工作总和盐业有关。方心芳主持的菌学室保存有别处所无的菌种。他是留学欧洲回来的，在这方面有声望。魏文德研究有机化学，赵博泉研究无机化学。

阎振华

"黄海"总工范旭东

我们几个无家室的年轻人，在一起自办伙食，请位厨师，我们也常自己下厨房做菜。有时到外面买只羊腿自己做，我还教他们做过面片汤，休息时打打乒乓球，相处很友好。在"黄海"四年中，工作、生活都很愉快。过年过节都在一起，和有家室的人也往来不断，因为都是住在大院子里的，更像是一家人。社里还有一位很高明的医生，是曾在德国留学的许重五先生，他弟弟是永利公司的高级职员。"永利""久大"和"黄海"的工作人员是可以互相调用的。所以我们和"永利"、"久大"的职员也熟识。我曾调去"永利"工作半年，也去过在自流井的"久大"。因像个大家庭，职工子女间有来往，各家也有互相照顾的。我常去参加永利川厂的活动，在一些职工家里吃饭，打桥牌。新中国建立后，我们往来不断。

一九四六年，我辞职赴上海时，孙社长为我担心，因为抗战胜利后，回上海人多，求职不易。他嘱咐说："如果找不到工作，可以回来。"我深受感动。新中国建立后，"黄海"迁天津未成，转到北京，在朝阳门里芳家园一所清朝王爷的很大宅院里建研究实验室。一九四九年我初来北京时，曾在那里住过。"黄海"解散后，工作人员分配到科学院和其他研究机构。魏文德任北京化工研究院院长，赵博泉、吴冰颜任研究员，春节时我还去他们家拜年。阎振华到美国林肯市的大学里工作，一九九二年我去美国时，曾在他家住一段时间。在"黄海"时，我是在他宿舍里学会吸烟的，那次在他家仍和他一起吸几支烟。

我在美国两个月里，就在他家吸过这么一次，其他亲友十几家没有一家吸烟的，公共场所都禁止吸烟。我从国内带去十盒烟，又全部带回来了。

如今几位社长，孙社长的三位公子，同事阎、魏、赵、萧、吴以及"永利"的几位老工程师都已作古。至今常联系的，只有社长的二公子夫人，我喊她"二嫂"的，以及四公子了。

回想在"黄海"四年之中，工作和生活那么和顺，我是经常怀念的。那时我们都没有照相机，但我给他们画过像，都保存住当年风采。

闯 上 海

那真是闯着去的，也是为生活闯出一条新路。这是一九四六年夏天的事。一九四五年，抗日战争以我方胜利结束。我因生活上受困扰，不得不准备离开难舍的黄海化学工业研究社，远走他乡，目的地是人称中国漫画摇篮的上海。我决心改业从事漫画了。

我是抱有信心的。从一九三九年到一九四二年，为办《黑白》壁报，我在学校里画了近三年漫画，从实践中学到漫画的基本艺术技法，后来又看到上海报纸上刊登的政治讽刺画，得到启发。决心远离之前已作了准备，将一些漫画原稿复制，在乐山、自流井、成都和重庆举行过展览。一九四六年申请辞职，搭乘永利川厂赴南京的拖船，和工程师萧志明（让之）一家同去到大厂镇的永利公司本部，在那里住下。记得是秋冬之际，我去到上海，住在"永久黄"办事处，晚上搭行军床睡。这里地方不大，又不能长住，

一九四七年创作的漫画

找个地方写信都不方便。我有同学王世封的通信处，就找他。记不得他的工作单位，他的宿舍就在《世界晨报》那座楼里，他让我和他同住。他单身，住的是集体宿舍，和同事数人合居，床挨着床。我搭行军床靠着他的床睡。只睡了几天，他的同事就向他提出不满的意见，我只好另找住处。白天我忙着看报纸上的招聘广告，找朋友。我爱看黄嘉音办的《西风》杂志上转载西方的连环漫画，就去拜访黄先生。他看了我的漫画稿之后，承他厚意，将这些画拿去，在《前线日报》他主编的副刊上连续发表，

一九四七年创作的漫画

使我得到一批稿费，难得的是使我的作品在上海亮相。我原署名"利巴尔"，在学校发表作品时一向用这名字。他说这署名像外国人名，建议改掉。我改名"方成"，因为我妈姓方，"成"字好写，两个字都比我本名笔画少得多。他又给我一张名片，介绍我去见老漫画家丁聪先生。记得他还推荐我的一幅连环漫画在杂志《家》上发表。那时我生活无着，手里钱又很少，能得到这位初交的朋友盛情相助，很是感激。有一天，看到《新闻报》上一家广告公司招聘绘图员的广告，我急忙一大早去到招聘处。招聘接待人是联合广告公司的绘图室主任——美籍犹太人皮特先生。我去得早，他让我画一幅画。我只会画漫画，

方成世纪人生

就画了几个漫画人物。他见了很高兴,说:"行,就用你吧。"他不会说中国话,英文我能懂,向他表示感谢。抗战胜利后回上海和新来上海找工作的人很多,在我后面排队的人不少,皮特立即请他们都回去。我趁机要求在公司里住,他一时找不到地方,就让我把行李搬来,住在他的办公室旁边堆放纸的小屋里,我以纸当床住下了。绘图的大房间在楼下,同事三四人,名字现在我记不住了。只记得一位姓杨的,是上海青年。

住在这里,使我得到很好的创作环境。白天在楼下上班,晚上在皮特的办公桌上作画。那时老朋友张高峰正在上海,他是《大公报》的记者,由他介绍,我的漫画很快在《大公报》上发表。有的在《文汇报》《评论报》(这是杂志)、《世界晨报》《文萃》和《时与文》等报刊发表。老漫画家张文元先生在《联合画报》任职,也为我发表作品给予帮助。

一九四七年住在上海亿中公司仓库里。

我在上海发表的第一幅漫画，是在一九四六年十月十五日的《世界晨报》上，由此推算，我是九月或十月从南京来到上海。另一幅连环漫画《得来全不费功夫》发表在一九四七年一月十一日的《评论报》上。由此推算，我是一九四七年一月前后离开联合广告公司的。因为正是在画这幅画时，和皮特打架，因此离开公司。打架的事有另一篇文章写过，这里就不写了。

在入公司之前，或离开之后，我无住处，遇到老同学潘守谦和孙国华，我和守谦就住在孙家的公司大仓库里。天很冷，无取暖设备。我们两人到街上买美国兵卖的军粮充饥。这些军粮包装很好，内装压缩饼干、小罐头菜、巧克力糖和香烟，记得还有小包汤料，既可口，也便宜。包装长盒外印的是 Ration D（或 C）之类。

《春暖花开》
（一九四七年）

有一天，得到《观察》周刊主编储安平先生之约，聘我为该刊创漫画版，主编漫画这一页，并用我的画。看我所存《观察》第二卷第二期的封面上印有"观察漫画"字样，那一期出版时间是一九四七年三月八日，由此推算，我是二月受聘的。最晚也可能是三月一日前后。在"文革"期间，剪报材料被"造反派"乱翻，失去不少。

《观察》是当时最受读者欢迎的杂志。因为所刊载内容都是人所关心的，其中有不少是难得的内幕新闻和名家的政论与文章。在这一期周刊封面上印着七十多位撰稿人的名字，其中有王芸生、季羡林、马寅初、许德珩、曹禺、冯友兰、傅斯年、费孝通、杨刚、杨绛、潘光旦、钱歌川、钱锺书、萧乾,还有胡适、陈衡哲等一大批全国有大名的学者。其上还登着两篇"观察文摘",一是十三教授的《保障人权》,一是马寅初的《有黄金美钞的不要卖出来》——这是明目张胆地向国民党政权挑战的雄文了。当时国民党政府要搜刮"反共"军费,用种种办法从民间套取黄金美钞,发"金圆券"来换,被马寅初识破,写文章揭露内情。

从一九四六年秋到上海,到为《观察》周刊编漫画版,几个月时间,我就能在上海立足了。这都是靠各方面朋友的热情关照,我是念念不忘的。

《抄袭故技》
(一九四七年)

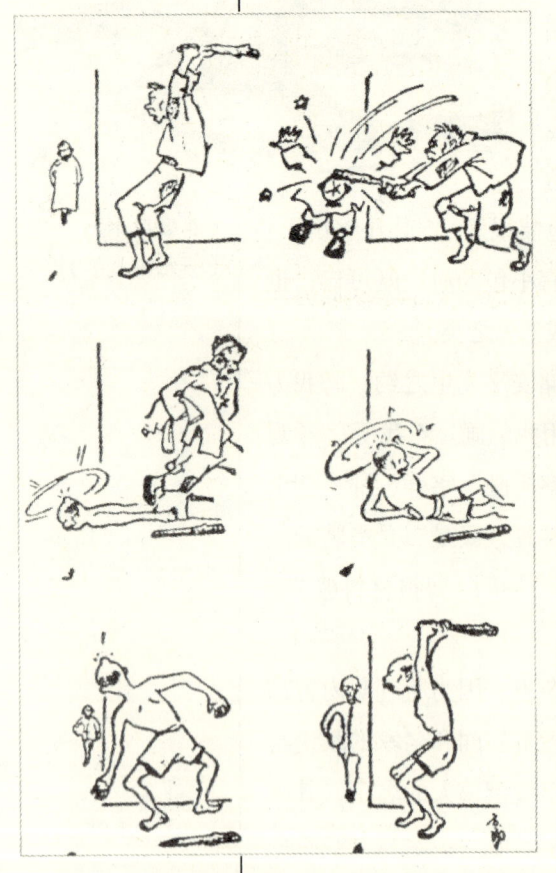

这是从工作方面来说的。与此相关,还有住处的问题,也同样非靠朋友不可。我从广告公司出来,住的问题不解决,没有安定的生活环境,作画无凭倚,是画不出来的。当时在上海租房子,都要先交顶费。据说,租一所像样的住家,顶费要用金条计算。当时物价飞涨,通货膨胀之势很猛。曾听堂兄说他上饭馆吃饭的事,为恐钞票贬值,他要了一碗饭,向堂倌问明,是五百元一碗。吃完算账却要收六百。他急了说:"不是先问清是五百吗?"堂倌说:"可那时您没交钱啊,现在已涨价成六百了!"我曾介绍刘开渠先生为永利公司塑像,记不清是范旭东还是侯德榜的铜像。收到报酬,他不会理财,听说很快就大为贬值了。钞票靠不住,租房交顶费就得用黄金。在这种情况下,我找住处就得靠运气了。此时我已经和漫画界的同行开始有接触。我在报上看见一幅漫画《中国工厂,美国罐头》,画的是中国工厂的烟囱上,被一个美国罐头扣住了。看了这幅画,我很佩服,就去拜访作者老漫画家余所亚先生。他和老版画家李桦先生合住一所小房里,两人都是广东同乡。他们知道我的困境,就要我搬来和他们同住。我在他们工作的房间里搭上行军床住下了。吃饭问题也同时解决,我算有个安定的家,在上海站住了。不但有了安定的工作环境,还因此接触不少左翼文艺家。余所亚朋友很多,刘开渠就是在这家里相识的,还有马思聪和陈烟桥、王琦、野夫、黄永玉这几位版画家也是常来之客。有一天,作家贾植芳先生来,见到我在《前线日报》发表的《战时大学生活》这一组画后,建议出版成书,就给了他。过了一段时间无音信,后来才知道,他出去没多久就被国民党特务捕去,关进监狱里了!幸亏我还有底稿,画没受损失。

这时已逐渐和在上海的漫画家们相识,先是丁聪,那是由黄嘉音介绍,一来上海就相识的。以后是米谷、张文元、洪荒、沈同衡等,又参加了全国漫画家协会。因解放战争国民党军步步败退,上海白色恐怖,使左翼作家画家们渐渐离开上海。李桦去北平,余所亚去香港,他们租的房子交给我保管。一九四七年秋冬之际,我回广东中山老家探亲,房子交给黄永玉。后来我和永玉都到香港,他把房子转交另一位版画家,记得是章西崖。听说洪荒没走,有一天,他正在门口,见两个人走过来问洪荒的住处,他警惕起来,指出个方向,等两人走远,他赶快从另一方向跑掉。幸亏他碰到的是两个傻特务。

在上海，武汉大学校友们有时在一起活动。我也得到他们的帮助。除张高峰、王世封之外，何代枋曾为我谋一家庭教师的工作。一九四七年六月十一日，在武汉的国民党特务闯入珞珈山武汉大学宿舍，指名追捕几个同学，在争斗中他们开枪打死了三个。为此事在徐世长老校友主持下，我与何代枋几个校友连夜赶写抗议书，油印出来，寄到各大学去。此时许多城市举行针对国民党的反内战游行示威。后来在清华大学读书的傅书悌（永利川厂傅厂长之子）告诉我，他们收到抗议书，举行罢课几天，向国民党当局抗议。

在上海这一年多时间里，我找工作算是很顺利的，而找住处很难。我搬了五次家，住过六个地方。有几天坐电车都缺钱，只好长途步行，还饿过两顿饭。平常吃饭都没准地方，有时吃美国军粮，有时在大街上吃最廉价的阳春面。冬天很冷，我缺冬衣，常冻得发抖。张荣善去美国不久，急忙给我寄一件旧的大衣来。他是向人借钱去美国，先打工，立住脚后才上大学，当时生活必是很紧张的。我曾向校友借过钱用，不久就归还了。

在流浪生活中，幸亏没生病。那时我体质较好，虽四处奔忙，却没感到过什么烦恼。可能因为有自信心，加上朋友越来越多，对我是很大的鼓舞。在此期间，我才开始看现代的小说。先看的是俄国和前苏联时期的作品，这是以前没看过的。我只在上初中时看过不少线装的旧小说。为从事文艺工作，必须多看书，接着看《子夜》，看鲁迅作品。从此我想在漫画这条新路上走下去了。

老话重提

从一九五一年调进人民日报社，我在文艺部美术组任编辑。组里人员常有变动，大体十人左右。按学历，大学毕业的，只我一人，每逢政治运动便成为众望所归第一名。好在没有历史问题，除在"文化大革命"之外，均有惊无险。但在一九五七年，是侥幸"漏网"的。在和美国干仗的那些年里，我画漫画、写杂文，大都是涉及国际间的外事。一九五七年因响应号召，帮助党整风，写了第一篇涉及国内题材的杂文《过堂》，是以两幕剧形式写的。九年之后才从大字报上看到，杂文发表时，有人演过这两幕剧，任演员的都被划成"右派"了。当时文艺部领导是袁水拍和华君武两位主任，想是心慈好善，见"按百分之三划右人数"的规定已经完成，便把我放了。"文革"时被人旧债重提，扣上"漏网右派"的帽子，加上"反动文人"和"资产阶级反动权威"共三大罪状，押进"牛棚"。十年的"文革"浩劫结束，这次政治运动被党中央作了彻底否定的决议。但之后也有些问题如贪污腐败现象出现等，从报纸消息就看得分明，引起群众不满。虽然党中央和政府在大力纠正党风，严行法治，而群众对社会主义光明前景的信仰，不如五十年代。尤其是青年们，他们对旧社会认识有限，对现状有不满情绪。我生在旧社会，经历三十多年，是深有体会的。我曾多次向青年们讲过：新中国建立，中国人真是站起来了。最明显的是谁都否定不了的两项：一是中国国际地位大大提高了；二是解决了过去无法解决的吃饭问题。民以食为天，能使全国十几亿人肚子填饱，这是多么重大的变化啊！读过点书，看过些电视剧的人都知道，从清朝政府到国民党政府，没有不怕外国人的——那时在中国横行的是帝国主义国家的老外。一九三五年，北平"一二·九"和"一二·一六"的爱国学生游行示威，就是因为国民党政府怕日本帝国主义，被迫从华北几省撤走国军，企图实行"华北自治"的。来中国帮助国民党打共产党的美国兵，在中国各地横行霸道，在上海就杀死路上的工人，在别处强奸妇女，开着吉普车，带着中国"吉普女郎"到处横冲直闯，国民党政府怕得不敢惹。北平、天津、上海、广州等大城市，都有外国租界，成为他们在中国的领地。北平东交民巷是外国人的租界，一般人不大敢进去的，我就没进去过。租界地里有外国武装和他们的警察。中国报纸不登涉及时事的讽刺漫画，只有上海有什么漫画都登的漫画杂志。因为这种杂志在租界出版，只要内容不针对他们，外国人不管，国民党政府无可奈何，只能迫使停刊，但改个名称又接着出版。所以上海漫画杂志虽然出几期就停刊，可也不断在出版新的。在北京只能登些不

一九五二年和季耿在北京万庆馆胡同宿舍

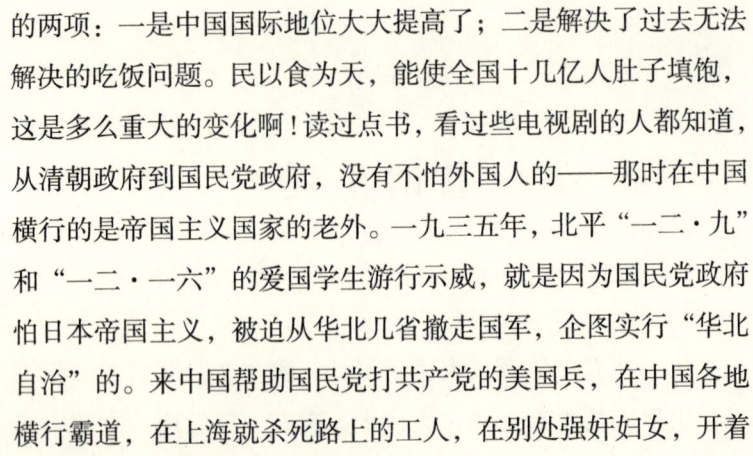

涉及政治、只逗笑的连环漫画，如席与承的《毛三爷》和冯彭弟的《老白薯》。一九四六年到一九四七年我在上海，有一天来寒潮，一夜冻死三百人，自然都是贫苦的劳动者和乞丐。在新中国有这种事吗！虽然现在贫苦人还不少，但都有吃有住，虽然有条件差的地方，也不会让老百姓饿死冻死的。在特殊情况下由于缺乏建国经验和领导人犯错误等原因，出乎意料地发生以千万计的不正常的死亡，那是另外问题了。

在旧社会生活过的人，对自己的祖国之贫弱感受很深。有志于抗敌救国的人士不少，想什么办法都无法改变现状。在国际上我们处于很低地位，无发言权。中国人走到哪里都会被人轻视、受辱。新中国成立后的新形势，和过去相比，我们老年人看得非常分明，五十岁以下的年轻人是感受不到的。目前中央领导很重视对年轻人的教育工作，对做错了的事既表示要认真改正，又尽力使人忘记过去，想必是为了使年轻人向前看的缘故。我曾问过好几位三十多岁的青年，他们根本不知道什么是"文化大革命"。谁都亲眼见到现在的城镇、乡村，新建楼房越来越多，也越来越考究。不但市政府县政府，连镇政府也盖起大楼，装修得富丽堂皇。各县市招待所一处处改成近乎宾馆。酒店、娱乐城到处有很高级的出现，卡拉OK舞厅最使年轻人倾心。这种种大好形势谁能看不见？过去我们在北平连自行车也没见国产的，现在国产汽车不是哪里都见得到，而且还越来越造得更先进吗？使我感触很深的，是几十年来，建了那么多铁路和公路，高速公路又多又好。

有一件事我印象深刻。

《购物图》（一九四四年）

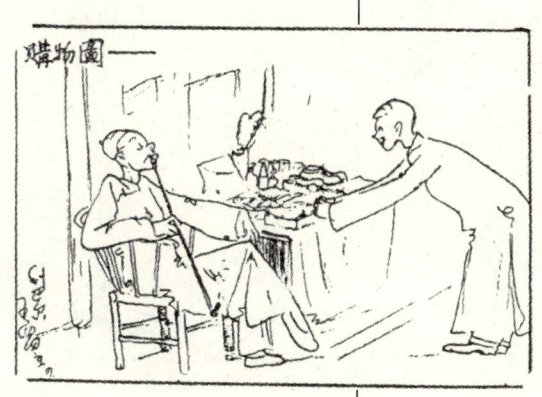

一九三九年，我从香港去四川乐山县到武汉大学复学。广东被入侵的日本军队攻入，路不通，只得经安南（即越南，那时被法国侵占）转广西北上。乘船到海防，港口水路窄，我们乘的轮船把几只当地小船撞坏了。船主呼叫。轮船是西方的，不予理睬！

进海防，海关的法国人把中国旅客关在一处，检查行李，其他旅客很快放行，然后才来查我们的。查时非常粗暴，让旅客把行李打开，他一件件抽出来，像扔垃圾一样甩到地上。等他查完，已经过了一个小时了，这才把我们放出去！新中国建立后，我去过几个国家，过海关时，就没有遇到过这种被人歧视的狼狈处境。

从安南转广西南宁，在柳州住了约一个月，即北上。有无公共汽车，就不知道了。我是乘便车去的，可能是我二哥找的，让我坐在一辆货车的驾驶座旁。后来改乘的车，是铁皮货车样的，车上有几位旅客。座位是铁皮制，固定在车上的。我两手必须抓紧座位，因为公路坎坷不平，颠簸起来，头碰车顶，那是很不好受的。司机开车须十分小心。从贵州到重庆是山路，公路有"七十二道拐"，倘不小心，容易出车祸，滚下山就活不了。不像现在，我走过的地方到处是平坦的高速公路。我看电视，见有新修公路就很开心，就是新中国成立前给我的公路印象，使我在对比中感到兴奋。

在乐山公路所见

从重庆到乐山走水路，乘江轮，买的是便宜的船票，睡在甲板上。下雨时，棚子会漏雨，又有风刮来，随时都要防备。这种情况现在恐怕不会再有。我在乐山几年里，因为壁报曾画过成都到乐山的公共汽车，那是亲眼见的，虽略作夸张，但合乎实情。

记得是上世纪六七十年代，我从西安去延安，乘的是飞机。飞机很小，乘二十多人。我是初次乘飞机，心里很兴奋。因为在新中国成立前乘飞机很贵，也很少，一般老百姓是乘不起的。和现在比起来，真可说有"天渊之别"——早先那时只能在陆地上走，飞不上天。当然，如今工资不高的人也是舍不得乘飞机的。

我父亲在铁路局工作，有时可得免票乘车机会。我从北平去绥远（今内蒙古），乘过几次火车。乘的是铁棚车，座位设在两边，冬天乘车很冷，供暖不足。也乘过像现在的有座位的车，冬天供暖也是不足的，窗上结很厚的冰。和现在相比，显然差得多。

没在新中国成立前生活过的人，对新中国成立前后的变化无亲身感受，我写出来供参考。

香港三年

我是一九四九年从香港回到久别的北京的。在此之前，去香港不需办什么入境手续，谁都可以进去，在那里居住、做工，我们村里就有不少人在香港生活。我三个舅父都是我们左埗头村人。大舅父方赓潮年轻时在北京上学，住在我们家，那时我还没出生，或还很小。后来他到香港工作多年，当了怡和洋行经理。那洋行是美国商行在香港的分行，卖的主要是箭牌衬衣和钢笔与鞋之类。二舅一直是掮客，推销洋货的。三舅是汽车厂工人。开始他们住在大舅家里。香港我去过三次，先是在一九二七年，然后是一九三七年和一九四七年，正好十年一次。新中国建立后也曾去过几次，都是短期或路过的。

一九二七年去也是路过的。那时我九岁，是在北京工作的父亲托经常南北走动的熟人，通称"水客"的，带我母亲和我们兄弟二人回北京去。出门第一站是香港，再由香港乘轮船去上海。那时二舅京又（粤语京与赓同音）在上海工作，再由上海乘轮船去北京。那时香港只是像一般小城市那样。记得我们住进靠海边的一家小旅馆，那时叫栈房，名称"泰安栈"。睡的木床上有臭虫，更多的是蚊子，要挂蚊帐的。设备都很简陋。候上船，很快出发去上海。那时二舅还是单身汉，安排我们住了几天，那时母亲也就三十来岁，不会自己出远门的。二舅买票请我们看电影，也有人陪着。那电影是外国片，演的是

在沙漠中骑骆驼打仗的冒险故事。还没演完，母亲就看不下去，要退场。听她说："电影里的人比真人大得多，不好看。"现在想来，恐怕是因为电影演员男女抱着亲嘴的特写镜头放得很大，她看不惯，也认为儿童不宜之故。我没见过骆驼，问了才知道。后来到北京就常见了——早年北京用的煤，是用骆驼从山西驮来的。我父亲和许多广东人在铁路局工作，听人说过，可能和孙科有关，那时他管过交通事业，也许当过铁道部长。我在北平一直住到一九三六年高中毕业，考上武汉大学，就离开了。

左起：杨丽庄、大舅方赓朝、老弟方癸登。

一九三七年，日本在我国华北驻军向我国军队大举进攻，时称七七事变。国民党政府抵抗不住，军队节节败退，大片国土沦陷。学校正放暑假，我回广东家乡去——那时父亲被铁路局裁退回到左埗头村居住。日本侵略军很快逼近武汉，学校势必远迁。国民党在乡间到处"拉壮丁"补充军队，我父亲非常恐慌，要我到香港去投奔舅父家。我就向学校请求停学三年，得允许后，就去香港。这是第二次去了。我弟弟顺佐已在那里，先在汽车修理厂当学徒，后当司机。

那时大舅住在跑马地，居住条件好，有一厅三房，其中一间房还租给一对夫妇。——那位男士较高大，面有病容，二舅戏称"病大虫薛永"，简称"大虫"（病大虫薛永乃《水浒传》

一九三八年在香港

唉……真没劲……

中人物）。二舅和一位表兄无家，都搭行军床住在厅里。两位表姐从乡下来，也住在一起。我堂兄来，也是住一起的。厅较大，能睡三四人。

那年我十九岁，闲来无事，很想找工作。曾请二舅帮助，他是个捐客。问我："你当布罗卡行吗？""布罗卡"就是捐客，是为商家推销商品的。我问他做捐客需要怎样做才行，他说："很简单：你带着货敲人家的门，人家把你踢出去，你还得想法从后门进来。"我说："这事我可干不了。"他还问过我说："你学的化学，会做雪花膏吗？"

找工作无望，带来的课本也无心看，很烦闷。表姐们来，能帮厨、洗衣，我只能教几个孩子，也就是表弟妹们读书，带他们说国语，指点他们做功课。闲下来也有时打麻将玩。舅父母对我很好，有时给点钱要我出去玩，买酒给我喝。我在学校也爱画，在这里就画写生。人一看我画他，觉得有趣，但因此常动，画不好。我找个镜子，从镜子里画照着的人，不受干扰。

想起以前生活，也回忆画出来。有时也画点连环漫画，那是从上海出版的《西风》杂志转载西方的漫画学来的。也曾投过稿，全没采用过——那时画得不好。有时画一天的日记，天天没事干，画一两回就没可画的了。

这时香港已见繁荣，日本货多，卖的化纤衣料很便宜，一块钱八码，即二十四尺，但不结实，化学玩具也不禁用，容易损坏，当地人就把容易损坏不禁用的货叫"化学的"。"化学"就成为次品的通称了。

一九四八年，我母亲不幸去世，不到四十岁。她患肺结核，那时是无药可医的。我无法回乡奔丧，心里非常难过。她真是孩子的慈母，非常爱孩子的，从来没打过我。我犯错，她只用父亲来吓唬，我们是很怕父亲的。她是继母，很和善，我们喊她"妈"，二哥和大姐不是她生的，喊她"娘"，亲友和她开玩笑，都喊她"娘娘"。舅父们都和她好，因此对我们同样爱护。

我们住在跑马地，那是较好的住宅区，夏天无蚊，更无臭

连环漫画《康伯》之一组

虫，夜晚睡觉要盖棉被的。有时供水不足，就规定每天用水时间，如上午一两小时或下午一两小时。厕所用水是打井用地下水，不用自来水。

香港被英国占领，由港督坐镇，没有副港督。文字常从英文译出，看来可笑，例如停车站牌子上写的是"如欲停车，乃可在此"。飓风在英文中分几类，电车上标明，记得大意是"如遇大风、飓风、暴风、X风或台风，请勿开窗"。街名有"窝打老道"，记得还有"必打街"之类。警察分四等，记得A等是英国人，B等是印度人，C等是广东人，D等是身高马大的山东人。那时印度尚未独立。香港印度警察被通称为"魔罗差"（差音近叉），在上海早年称为"红头阿三"。人都须称"警察"为sir，即"阁下"或"先生"或"老爷"，尊称也。广东人都用广东译音称"阿蛇"。交通工具主要是两层的有轨电车，洋车很少。公共汽车我没坐过，不知其详。做生意的都穿得整整齐齐，打上领带。在地摊上买东西得小心。我买过一顶帽子，一问价钱，嫌贵不买，被摊主追问，我随便出半价，他卖了，回家一问，还是上了当，多付不少钱。那时香港人口

香港"人间画会"会员一九七九年在北京重聚。左起：前排：张文元、余所亚、沈同衡、黄苗子（非会员）、丁聪、黄茅、黄新波、游允常；后排：陆志庠、郁风（非会员）、张乐平（非会员）、王乐天（非会员）、廖冰兄、特伟、黎冰鸿（非会员）、方成。

大约几十万,因为一九四七年我去时,才一百二十万略多一些。

一九四七年底,我从上海回家乡探亲。因国民党军大败,已近全国解放,上海白色恐怖加剧,左翼文艺家纷纷避居香港。我不能再回去,也到香港避居。这是第三次去了。仍住在大舅家里。在上海的漫画家里、特伟、张光宇、丁聪、叶浅予、黄苗子、余所亚都来得早,米谷和张文元比我晚来。沈同衡可能也是比我早来的。廖冰兄从广州来。这时已有共产党外围组织"人间画会",会长张光宇。米谷来后,和特伟及版画家黄新波任秘书。这三位都是共产党员(特伟也许是即将入党的),主持工作。"人间画会"会员还有游允常、方青、盛此君、王琦、黄永玉、陈雨田、黄茅、陆无涯、廖冰兄、沈同衡、丁聪、余所亚、张文元、荒烟等等。共产党报纸有《华商报》和《星期报》,画会组织漫画向那里投稿。米谷在《文汇报》工作,除漫画之外,还画了一本连环画,记得是《少年毛泽东》,在香港很有影响。香港原来没有或极少见政治讽刺画,我们这些人一来,都作针对国民党的讽刺画。原来香港的漫画家有画连环漫画的李凡夫,还有我未见过的名叫香山阿黄和一位很有名的,记得也姓黄,只见过一次。靠画讽刺画收入有限,盛此君介绍我为一商家任家庭教师,教念初中的女孩。后来舅父的朋友要我为他女孩补习功课,我不好意思收费,他每月送我两瓶酒。有一次向美国华莱士办的《新共和报》投稿,得稿费二百美元,换成港币一千四百元。由舅父帮忙,在他家楼下租一间不足十平方米的小屋居住,交顶费四百元,月租百元给女二房东。我有了这较好的创作条件,画一套逐日连载的连环漫画《康伯》在《大公报》罗承勋主持的《大公园》副刊上发表,每幅稿费八元,一个月三十天可得二百四十元,足够交房租和零用,还买了一块司马牌手表——以前我没戴过手表的。同时,米谷

画连载的连环漫画《上海小姐》,廖冰兄画一套《阿庚》在《华侨日报》连载。"上海小姐"曾和"康伯"开玩笑,"康伯"也给"上海小姐"开了一回。我画的是"上海小姐"去游泳时,不慎把假乳丢失,被"康伯"拾到。这幅画在后来的"文化大革命"中,被"造反派"抄去,作为色情作品,用来批斗我,现在找不到了。有人介绍我到《东风》杂志工作,我在那里画的漫画被其后台老板发现,大发雷霆,把我辞退。原来这杂志是国民党出钱办的。

大约一九四八年末或一九四九年初,黄永玉打电话来,约我到九龙荔枝角的九华径村和他同在一起住,那里房租比香港便宜得多,我就搬去了,把先租的小屋让出,收回顶费。开始和陆志庠住在农家小楼上一小间里。志庠聋哑,语言难通,吃饭也不方便。后来和作家端木蕻良、单复三人合住一家较大的农家楼上,志庠到永玉家搭伙。在这村里住的除《大公报》编辑严庆澍(即写《金陵春梦》等小说的唐人)之外,内地来的还有楼适夷、黄薇夫妇,臧克家、郑曼夫妇,蒋天佐、陈敬容夫妇,巴波、李琪树夫妇,考诚、殷平夫妇,李岳南、叶笃夫妇,阳太阳一家,张天翼住在楼适夷家。我二哥孙顺理也来住了。我和端木蕻良同住,得他帮助不少。他和我们一起学习共产党的书和文件,向我们讲解放

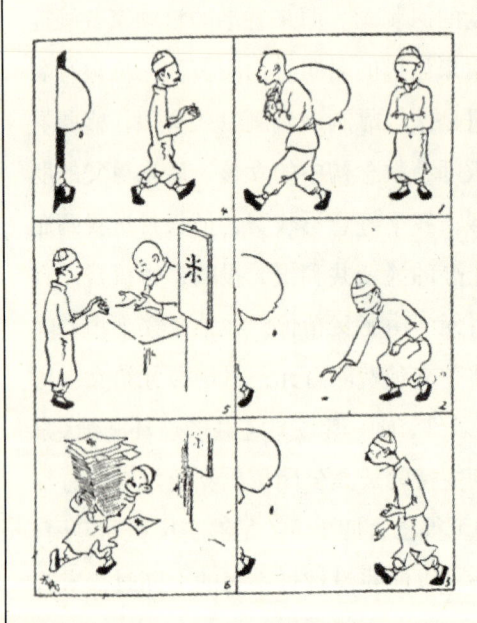

区的情况。我以前对共产党毫无所知,在上海时住在李桦、余所亚家,李桦耳聋,所亚向我说过一些,但他不大了解解放区情况。我们三人在一起看解放区的小说,合写评论在报上发表,记得评过《种谷记》。九华径临海,我们三人几乎天天租船在海里游泳。上午都各写各画的,午睡后才下海。同住村里的几位常在一起谈天,日子过得飞快,静候全国解放,都很安心。住在香港的文艺家不时来玩,李凌、谢功成、叶素几位音乐界的人就来过,在这里游泳很方便。

我大舅看了米谷的画很是佩服,常要我约他来做客,记得来过两次,喝得半醉我送他回家。香港政府对有政治性的组织控制很紧。"人间画会"定期在会址开会,估计都是登记过的。临时聚会就另找地方,我在香港住时,曾在我那小屋里开过一次。画会开过画展,办过漫画教学班。

这时,二舅已成家,夫妇对我都十分爱护,常要我上他们家去住,后来都和大舅一家在美国定居。如今两位舅父已去世,家人和我是不断联系的。

这时的香港更加繁荣。一九四九年,全国解放在即,住在九华径的我们这些人,陆续迁回内地。我回到北平,参加新中国成立的开国大典。

一九八六年,我应邀在香港三联书店举行漫画展。当时得力于在新华社香港分社任领导的杨奇先生,在那里停留一段时间。一九九二年我应邀赴美国,路过香港,在老友刘济昆家住了几天。有一年,《广州日报》在香港举行漫画展,我应邀参加开幕式,也住了好几天。一九九八年十一月初应邀访台湾,路过香港,也住过一天。这时香港的发展早已远超过上海。当时我想过,上海要发展到香港现在的水平,恐怕至少需用五十年之久。我国在几次政治运动中,经济以及其他方面都倒退若

人的生活道路靠自己选择,自己走,但也离不开运气的支配和接受别人的助力。个人努力是有限的。这道理很浅显,人人懂得。但头脑一旦热起来就懂不得了。

干年。香港大商场中,平地已设为顾客代步的电动的路,和现在北京机场走道上的路那样。至今香港人口已从一百多万增加到六百多万,公共汽车有地毯,车次多,街道我没见像北京那样堵车的。那时港督也还是只有一位,没有副职。一九九七年后我还没去长住过。

几年在香港,我是过不惯的。那里商业气氛太浓,拜金意识到处可见、可闻,感觉出来很不对劲。金钱对每个人都很需要,是维持生活之所必需,自然拥有越多越方便。但把金钱看成生活上过高的甚至超乎一切的追求,总使人有趋于庸俗低下之感,和我们受的正常教育很不协调,同平时不断听到和从书报上看到的种种感人肺腑的故事更是矛盾。

市场经济越发达,越是容易滋长拜金思想意识,只能以教育工作来制约,而彻底排除,只有一条路可走,那就是社会改革——依社会发展规律而进行改革,马克思和恩格斯已经明确地写出来了。

《下有对策》

忆九华径

喜欢荔枝角的九华径村

香港，我去过两次，总共度过了——用文学语言说是"寒暑三易"，用科学语言应叫"四夏二冬"。我并不喜欢香港，却喜欢九龙，不是整个九龙，仅是九龙的荔枝角；也不是整个荔枝角，而是现在恐已不复存在的九华径村。这村子里面，至今我未想起有多少招人喜欢之处，使我念念不忘的是住在那里的外来户，也是和我一样流落而来的，大半是内地的文化人；此外，还有村旁的海。

我第二次到香港，是一九四七年冬，那里我有近亲，一去就住在他家里，直到我能拿到稿费，才以半月所得租了一间大约十平方米的住所。房间是不错的，又邻近版画家黄新波的居处，不时约上王琦几个人到附近一家咖啡馆里喝一杯牛奶，坐两个小时，谈谈天，听听音乐，这里留声机放的是西洋古典乐曲。

黄永玉也流进来了，接着他夫人张梅溪跟踪而至，就住在九华径。一天，他兴高采烈地对我说，那地方好极了，空气清新，房租便宜，又在海边，有游泳场，同住的还有几个熟人，鼓动我搬过去。我就把房子、"顶费"、家具一股脑儿出让，买一张帆布床，再提着仅有的一个皮箱搬进村里去了，从此享受了一段蜜月似的生活。

开始我住在画家陆志庠租的一间小阁楼里。旁边住的一面是黄永玉、楼适夷和巴波三家，一面是蒋天佐和陈敬容。臧克家夫妇住在村口的一间小房子里。老住户、多产作家兼多产父亲唐人住处也不远。过不多久，陆续又搬来好几家：画家阳太阳，诗人考诚，京剧作家李岳南，最后张天翼也来了，和楼适夷住在一座楼里。端木蕻良、单复来了，约我三人合租一间大些的楼上房间，我们的新生活就是在这里开始的。非文化界的也飘来几家，住在附近的是两位上海姑娘和工程师孙顺理——去年他还担任长春市副市长呢。外来户都是没有固定职业的，不需上班，天天见面。

同端木、单复组成三口之家

九华径是个和广东普通农村一样的村子，烧水煮饭用的是灶上的大铁锅，燃料也是稻草。村外田地不多，看来村里人显

然不全靠种田吃饭。海很近,不远就有个游泳场,有公共汽车通往市内。我们不大出门,大家忙着写的写、画的画,靠稿费糊口。我们三个单身汉,一人吃饱,全家不饿,就好办些;那拖家带口的,有时要连啃几天素炒豆芽。海边石头底下能捉到螃蟹,那真是解馋的佳肴,可惜没那么多闲暇。

我们这三口之家,生活很有规律。上午端木和单复写文章看书,我是作画看报,各干各的。午饭后,收拾停当,各就各位往床上一躺。一觉醒来,迎来了一天里的黄金时刻。那正是盛夏天气,三人换上游泳衣,赤着脚直奔海滩,不必花钱进游泳场,到处都能下海。更妙的是有小艇出租,大概是村民的副业。租金不贵,记得每次是一两元钱。单复是浪里黑条,水性极好,我是很久没下水的游泳爱好者,端木乃"旱鸭子",却喜欢划船,三个凑一起,可谓天然盟友。于是每天都来租船下海,两人在水里,一个划着船紧跟护卫,一出去就是一两个小时。直到夕阳西下,回来交还小艇,便奔后山。我们知道那里有一股清泉,泉水从一人多高的岩石上流下来,落到一个浴盆那么大的沙底水坑里。我差点信奉上帝了,亏他老人家为我们做了这么周到的安排。下得山来,回家略事休息,开始准备晚饭。用的是置家时买的煤油炉,锅碗瓢盆都是齐备的。单复有厨下功夫,会做福建菜。我会炒鸡蛋,煮饭也还可以。端木洗碗刷锅

一九四九年在荔枝角海上。左起:黄永玉、单复、方成。

也称职。这顿饭照单复的话说,那是"美美的"。端木有个特殊癖好,爱露天蹲坑,老在我们面前宣传那是如何卫生,有益健康,并富有诗意。我们两个半信半疑的,在一个月光明媚的夜晚随他上了后山,按照他的指点实习一回,果然别有风趣。我从来没做过诗,居然能诌上两句:"寒风吹屁股,冷月照脊梁。"

可惜野地蚊虫太多,咬得我不敢再来,所以至今没有学会做诗。

当年九华径像世外桃源

生活自然是清苦的,但很愉快。晚上几家人凑在一起就热闹了。其中最活跃的是黄永玉,他最年轻,爱说爱笑,还有编笑话的天才。黄永玉和楼适夷、巴波三户住在一座小楼里,房间是楼板隔开的,碗碟之声相闻,过几天他就讲从隔壁听来的趣闻。巴波也不含糊,拿同样听来的笑话进行报复。对文化人来说,笑话加饥饿会产生灵感,写出好文章来,而且是养生之道,这秘密他们是不轻易对外人道的。有人写文章读来干涩,可见文人之间,在这一点上就互相保密。

我们生活在一起,远离喧嚣的城市。工作是各干各的,读书、学习都很专心,志同道合,有着共同的理想和希望。九华径虽在香港属下,却像此中世外桃源,吸引着同声相应的人士不时造访。周而复、秦牧、李凌、谢功成、刘式昕、叶素以及"人间画会"的画家们都来做客。有人看出这儿是宝地,便出资在这里修建花园,开辟游乐场所赚钱。我回到北京不足一年,还留在九华径的朋友写信告诉我,那里已经在盖楼房,地价猛涨起来了。

九华径的故事如今安在

　　九华径的住户除唐人外早已返回内地，并且大都在北京，在其他城市的则常来。唐人最后也是在北京去世的。十年前考诚患癌症不治，其他人都健在。北京地方大，人们各居一方，又都很忙，难得见面。我要看端木，得乘一个半小时的车，黄永玉更远。今年五月间，应邀去南通参加狼山十八高僧壁画（范曾画的）揭幕式盛会，其中有楼适夷，他已八十高龄，精神矍铄，扶杖登山，兴致勃勃。端木身体原本就像干虾，如今年逾古稀，自然更直不起来。划船无能为力矣，握管不减当年，现在不需动手刷碗，再加有个文"舞"全才的贤内助，这几年间专为他曹家人立传，写大部头的书。《曹雪芹》上卷早已出版，中卷尚未寄来，估计该出世了。臧克家比他大几岁，瘦度相当，仍手不停笔。在电视上见他和孩子们在一块儿，脖子上系着红领巾，显得分外精神。黄永玉耍起笔杆，连画带写，还骑着它飞，这几天在北京，过几天就不知道上哪儿去了。梅溪变化不大，孩子们喊她"奶奶"，但怎么看都觉得应该喊"阿姨"。李岳南已久违多年，最近在老诗人王亚平追悼会上见到他，已是年近古稀，须发白的多黑的少，依然数十年如一日地保持着谦谦君子的风度。张天翼在北京多年，我和他未曾交往。一九八〇年他约我为他的童话作插图，他夫人把文稿送来，乃欣然应命，画时费了点劲，可现在看来就不满意了，心中歉然，由此鼓励我练功的努力。陆志庠早已退休，老两口住在西城一座楼房里。他耳聋，和人交谈很不方便，所以朋友来往比常人少得多。遇见他多半是在画展的场合，一见老朋友，便笑眯眯地紧握着手，九华径一家人重聚。左起端木蕻良、方成、单复（一九九三年）。

用沙哑的喉音问候，两眼注视对方，只要你说上海话，他能看出你说什么。他总抱怨自己身体不佳，可看他毫无龙钟老态，走路还挺快的。单复一直在东北辽宁，经过二十年的波折，筋骨还是那么硬朗，笑起来也还是那么"美美的"。他在朝阳县待了不少年，然后到了沈阳，任职《鸭绿江》杂志。去年见到他时，已是不担任职务、只拿工资的专业作家，也骑着笔去深入生活，从事写作去了。阳太阳在南宁广西艺术学院任领导职务，还是在前几年文代会期间见到他，也是逾了古稀之年，嗓门还是那么大，足见健康状况之佳。巴波已有十多年没见了，最近寄来新出版的《巴波小说选》，其中就有在九华径写的一篇。看书上印的照片，显得富态悠然，嘴是闭着的，不知缺掉的门牙镶上没有。

离开香港三十多年了，那个小村庄恐怕早已被高楼大厦吞没，一点也剩不下。但九华径的印象还清晰地留在我记忆中，至今不忘。

与妻子一同走过的日子

深情永记

一九七七年,"四人帮"垮台后和钟灵在一起。

一九四九年九月我和端木蕻良、单复来到北京,和从香港同来的一批"民主人士",由对外文委安排住在一起。许多人我不认识,单复认识巴金,我初识黄药眠先生,请他教我识俄文字母。此时国际势力两大阵营对立,我们是以前苏联为首,也须向它学习,学俄文是有必要的。经端木蕻良介绍,我随任总编辑的王亚平同志进入《新民报》任美术编辑。王亚平原任《人民日报》文艺部主任,进《新民报》的任务是准备将民办的《新民报》改组为北京市属的《北京日报》。一同进入的还有任副总编辑兼文艺部主任的沙鸥,他是诗人。和我同在文艺部(不记得是否称文艺部)的,记得有常君实和刘铁华(版画家)。其他部门记得有张其华、王政、陈寿儒、郭明远、金光群、关肇元。一九五一年冬,承亚平同志推荐参加四川广汉县的"土地改革运动",这是在此期间值得怀念的两件事。还有在我生活和工作上都使我毕生难忘的是相知的两个人：钟灵和陈今言，一位挚友，一位爱人。

一九五〇年冬，我和关肇元、张其华同入俄文夜校学习。钟灵和我当了正、副班长，诗人邵燕祥是我们同学，他才十六岁。钟灵在二十世纪三十年代已开始在上海发表漫画，又是直肠人，遂相交好。我初进报社，不善设计刊头，更不会写美术字。他很热情，每晚下课后一同骑车来我宿舍，帮我画这些东西，深夜才回家去。后来我开始画连环漫画《王小二》歌颂新社会新生活，为康濯的一篇小说作插图，又创作儿童连环诗画《王小青》，在报上连载。主持副刊后，画讽刺在朝鲜战场上与我敌对的美帝国主义的组画。一天，钟灵谈起，在联合国安理会中辩论朝鲜问题时，资本主义阵营代表人数多，而支持我方立场的社会主义阵营代表只有前苏联一家，势显孤立。为此我们俩决定作漫画表明世界上支持我方的人多。两人商议后，画出《谁是多数》这幅漫画，送《人民日报》发表。从此之后，我们继续合作，署名"方灵"，将作品投送报刊。当时我住的宿舍在东华门万庆馆胡同，他在政务院任接待科长，住在中南海内。我骑车约二十分钟到他家，常在下班后去他家作画。钟夫人马利很热情地为我们备酒饭，午夜画成后有酒肴相慰，歇宿一宿才回家。他们夫妇是

奥斯汀：「我們是多數。」

馬立克：「看誰是多數？！」

《谁是多数》

从延安来的共产党员,相处间在思想上对我助益不少,生活上对我也是处处体贴。我们敬仰国画家许麐庐先生,许是齐白石先生的弟子,我们常去求教。以前我们作画惯用钢笔,得许先生指点,改用毛笔,以我国传统技法作画。当时,在朝鲜战争激烈,《人民日报》范长江社长有时派车来接我们到报社,听他讲战争形势和宣传要点,即时作画。我们的漫画便多在《人民日报》上发表。四年后,我们宿舍迁到天桥一带永安路,钟灵一家迁到后海北官房胡同,南北相距二十多公里,很难继续在一起合作漫画,我只得自己一人画,而他开始醉心国画花鸟。后来虽然也合作过,如为邓拓的文集设计封面,但很少两人一起动笔了。但过往经常不断,因属通家之好,两方子女都熟识,偶尔也来往。我家有什么大事,钟灵一定来的。我未婚时,他们热心要为我介绍对象,我和陈今言结婚,一切都是钟灵一手包办的,从找礼堂,接送新人,婚宴等全部大小事务,我没动过脑筋。钟灵是周恩来手下为国家做接待工作的能手,对我一家的事,自然不在话下,小事一桩而已。以后还有不少事也是他一手包办的。我们有情同骨肉之谊。

认识陈今言,是在我办美术副刊时,为组织画稿,须约定画家作画。当时画漫画的人很少,几位老漫画家张光宇、张仃、华君武、丁聪,我想不容易请来为《新

今言(左)在辅仁大学时

民报》作画的，我那时年轻，也不敢和他们联系。所约的就是几个年轻画家，有中央美术学院学生梁玉龙、外文出版社吴寿松，记得还有美院更年轻的孙以增。经梁玉龙推荐，也约请该校研究班学生陈今言。一见她，我就为之神往。她二十五六岁，是北方型，性格开朗，有纯真气质的女孩。她喜欢漫画，我请她画漫画插图，为一些文章配漫画。她很聪明，作画又用心。她在辅仁大学艺术系学的是油画，没接触漫画，但很快就领会漫画的一些艺术技法，兴趣很高。我常请她到我的宿舍去，作画之余，也谈些生活和家庭的事。几个月后，我向她倾诉爱慕之情，便成为爱友。有一天，我去钟灵家，他和马利要给我介绍个女朋友。我这时才告诉他们："我已经有了。"钟灵问："好到什么程度？"我说："很好。"他又问："你亲过她吗？"老友面前只好明说："亲了。"他们两人大笑说："这就成啦！"说明已决定结婚，他们高兴极了。

深情永记

今言和马利（一九五一年）

我和今言（一九五一年）

他说:"全由我来办吧!"

今言领我去见她父母,她母亲问我家里成员有什么人,问得很详细。后来明白,许多干部在参加革命前已有妻室,尤其是广东侨民,已有妻子,在外又结婚生子,在旧社会是不违法的,对这件事她自然十分关注。结婚时,按常规请端木蕻良充当主婚人,梁玉龙当介绍人。钟灵从政务院借来汽车,把新娘接来,在欧美同学会举行婚礼,贺客三四十人。婚宴也是钟灵办理的,吃西餐,每客五角。那时贺礼也是五角,我几乎一个钱没出。因我一向生活简约,新房家具被褥都是从今言家送来的。

今言父母是辽阳大地主。她弟弟妹妹是共产党地下党员,今言和他们一起从事革命地下活动,曾去西柏坡革命根据地,因此和城工部长刘仁同志很熟悉,他曾来我们家看望今言。他们家因此成了地下共产党在城里的一个据点,他们父母是知道的,但不敢拦阻。她是一九五一年在中央美术学院入党的。

今言生活在北京旧式家庭,和我一道外出时她很拘谨,不像现在男女朋友手牵手走路。也可能因为她在女十二中(原贝满女中)任教,她和教师、学生们关系非常好,彼此随

今言在舞台上

我们一家人
（一九五六年）

和，怕她们见了取笑。我们婚前没进过公园和影院、剧场。我们去办理结婚登记时，路上遇见她的同事问她，她竟老远大声说："我们去登记。"使我大出意料。

她在大学里是篮球、排球校队队员，体质很好，不记得她生过病。她京戏唱得好，在《北京日报》工作时，曾上台演《凤还巢》任主角，有时听她唱大鼓词也极在行。但有一次和她上中档的饭馆吃饭，她竟不知道点什么菜，看来很受她弟妹的影响，生活十分俭朴，穿的总是蓝灰色的干部服。有一年，报刊上文章和漫画已在提倡服装改革了，才劝她买了红白相间格子式的布料，做了件当时流行的连衣裙，刚要穿，报上又登出提倡俭朴，批判"资产阶级生活方式"的评论。这身连衣裙立即被她改制成一件棉袄，穿时，外面罩上蓝灰色的干部装。这件棉袄我一直珍藏着。

她虽然爱打球，爱唱，和亲友们在一起有说有笑，很活泼，但平时话不多说。她有两位兄长，大哥还是在美国留学多年以工厂管理为专业的学者，一个姐姐，一个弟弟，一个妹妹。他们有什么大事，都要向她说，征求她的意见。她在兄弟姊妹中是善于分析、见解服人的一位。在《北京日报》工作时也是受重用的干部。有一年，刘少奇同志到那报社视察时，我见她带回的照片里，在和刘主席的座谈会上，出席的只有报社不多几位领导人员，其中有她，那时她任美术组副组长。

一九五七年，在"反右运动"中，她正在农村工作，调回报社参加运动。此时她领导的美术组中，除她和冯真二人之外，李滨声、王复羊、郑熹和骆拓均被划为"右派分子"。一天，她把被批为"毒草"的李滨声几幅漫画带回家。我看了，说，不能说全都是"毒草"（大意）。第二天，她下班回家时，眉头紧皱，哭了起来，说，批判会上也批了她，说她袒护"右派分子"李滨声，也要把她划为"右派"。原来她同意我对李滨声几幅画的看法，当做她的意见说了出来。估计可能因为美术组里划"右派"的名额已远远超过了百分之三，把她放过了。但在"文化大革命"中却没放过。她是刘仁领导下的干部，又是画漫画的，被所谓"革命群众造反派"批得狼狈不堪，押进"牛棚"监督劳动。我在人民日报社也被押进了"牛棚"，家里两个孩子，一个刚上小学，一个在幼儿园，无人照料，那时候别人谁敢理呀。生怕他们吃不上饭，活活饿死。大难当头，做母亲的心情，谁都能理解。如果我没被监禁，家中有人看顾孩子，她不至于心肝俱碎，英年早逝的。她是位多才的艺术家，从事新闻工作后，除行政工作外，每天要画刊头，写美术字，还抽暇时从事创作，画长篇连载的连环画，画插图，作版画，画漫画。她的一幅反浪费的漫画曾受毛泽东主席的关注。她是新中国建立后出现的第一位、也是至今最出色的女漫画家。我听过北京电台广播她创作的相声段子，由相声大师侯宝林演出的。她后来从事工艺美术设计工作，为此自学雕刻，不足一年，除

一九五〇年。左起：李岳南、方成、王亚平、刘克顿、林薇、沙鸥。

深情永记

设计很多精美图案之外，竟得工艺师的信任，使她刻出用贵重的象牙雕塑的艺术品来。在"文革"中，人民日报社的"造反派"奉林彪指示，把我的户口迁到河南叶县。我问今言，她毫不犹豫，说："你上哪儿我就上哪儿！"我们全家迁到叶县刘店村住下了。报社的"五七干校"就在那里，我们继续被监督劳动，两年后奉命迁回北京。

我和陈今言共同生活了二十五年，互敬互爱，连口角都未曾发生过。我常上夜班，白天为应付不得不从的约稿作画、写文章，业余时间都在工作，也不容易见到孩子，一切家务劳动都负在她和一位如大姐一样的保姆赵阿姨肩上。赵阿姨的一个女儿是今言设法送去京剧学校就读学武旦，毕业后登台演出，后因伤骨退出，愈后参军，复员后在北京工作。我家老三孙晓纲自幼由今言教导，我见他写的字也近似今言笔风。

一九五一年，由华君武同志推荐，我调到《人民日报》工作。先是半天在《新民报》，半天到《人民日报》上班。《新民报》改为《北京日报》后，我工作一段时间，将离此转到《人民日报》去。经领导同意，今言调入《北京日报》任美术组副组长，组长位缺。

今言好胜心强，听人说，她在辅仁大学考试成绩都在前一二名，在女十二中任教时很受同事和学生们的敬爱，在《北京日报》是受领导和同事信任和尊重的，和同志关系好，在业余文娱活动中都是积极参加者。因此在政治运动中受各种诬蔑批判，开除党籍，感受打击过重，身心俱毁，元气大伤，终日一言不发，手不停地工作，以此排遣难度的时光。"文革"结束，誓不再回《北京日报》，通知她领工资，坚决不肯去，我只好去代收。她转到北京工艺美术研究所去了。这是她从未参与过的工作，她拼命地用以前小学生使用的削铅笔刀，俗称修脚刀的，日夜不息地自学做木制雕塑，劝她休息是不肯听的。深夜才去睡，清早骑车上班，中午也不休息。她是共产党员，

文件很重要——这文件很重要，你要好好学习。

精神再苦也得用积极的态度对待。以她在革命事业中的经历和修养，我想，她也只能做到这种程度，她还年轻啊！以我所知，像她这种思无邪的共产党人，我没见过几位。

在近年的一次聚会中，有两位女士听说我在场，都向我走来，自我介绍并说她们是今言的学生。她们两人都已是美术教授了，记得一位提及，她曾来过我家。我有时去许麐庐先生家，从不敢提起今言。过去他听到今言去世的噩耗时，不禁号啕大哭。几个月前，我去看望《人民日报》前总编辑李庄同志，我提及今言时，他也不禁泪出盈眶。和今言共事过的《北京日报》美术组的同志们，对我分外友好，我感觉出他们心中对今言的怀念——当然，这只是我的感受。

值得怀念的生活片段

在《深情永忆》一文里，提到老友钟灵时说："我家有什么大事，钟灵一定来的。""我和陈今言结婚，一切都是钟灵包办的。"二十五年后，今言不幸英年早逝，钟灵非常悲伤，也是靠钟灵帮手，妥为治丧的。春节时，几位好友携酒肴来慰我，他是来得最早的一位。今言去世后，三个孩子年幼，家务事我一人管理，一下班，就忙个不停。过去我不大会做饭，就是在这时候硬逼着干会的。为省事，我炖一大锅肉，加上豆制品和海产的淡菜，可以吃好几天。后来侯宝林来吃过几回，他名之为"方家菜"者，主要是这一味。蔬菜是要换样的，洗洗炒炒就是了。洗衣好办，再多也能对付。同志们劝我再组家庭，多次介绍撮合，都没成。此时钟灵家住后海北官房胡同，同院小赵正为她的女友"小瑛"介绍对象，已约好日子。这事被钟灵知道，对她说："先给老方留着。"到这天，改由我去会面。一见小瑛我就中意，但看她太年轻，我已五十九岁，她刚三十出头，已觉无望。次日小赵来电话问我："怎样？行吗？"

我说："不行，岁数相差太大。"

她说："如果她同意呢？"

"那我也同意。"我回答得很干脆。

我知道钟灵和我想法一样。马利说，两人岁数相差这么大，恐怕长不了，要我考虑。我是想过的，因为在此前不久，就因此出了问题。

几个月之前，艾青夫妇为我介绍一位女军医，她刚四十岁，我五十九岁多，相差约二十岁。两人在一起来往几个月，关系很好。她已带我去军医院检查了身体，我还为此请朋友在一起吃过饭，已作结婚准备了。不料过几天她来告诉我说："我们年龄差太大，家里不同意！"听了我很失望，也很伤心。见她无意继续交往，我只好放弃。此事过后，在体育报的一位朋友还鼓励我说："你身体好，差二十岁算什么！我给你介绍个三十岁的！"后来还真有一位河南朋友要给我介绍一位二十多岁的女孩。他很认真，我婉言谢绝了。

这一次我心里是想接受的。因为经人介绍，已会见过多次，知道双方一致同意结合之不易，就不想别作他求。后来侯宝林知道了，也见过瑛的照片，很支持，说："行，快办吧，我当大媒！"就决定了。她名叫苏继瑛。婚后多年，侯宝林还几次说，是他做的媒。

一个星期天上午，趁孩子们外出，我请瑛来我家。她带着小女儿同来。我家没有女孩，为此我更喜欢。当时是我进厨房做西红柿鸡蛋面大家吃的。多年后，就我们两个人相好的事她笑道：

"你就请我吃过两碗西红柿面,太便宜啦。"

瑛是孤儿。她父亲是很富的资本家,死得早,家产被账房骗空了。她是遗腹子,四岁时又不幸丧母,靠婶娘抚养。稍长,婶娘再婚,她独自靠几处房产生活。中专毕业后先在铁路上工作,后入工厂当化验工。奉叔父之命结婚,终因不合而离异,带着女儿生活。她善歌舞,在厂里组织舞蹈队做业余活动,新疆舞跳得很美。

一九七八年,我们结婚。婚礼贺客欢聚,有钟灵夫妇、小赵夫妇、王亚平夫妇、端木蕻良夫人(端木外出)、艾青夫妇、吴祖光父女、唐瑜、丁聪夫人沈峻、狄源沧、范曾、侯宝林夫妇。

婚后,家务劳动全由她包了下来,厨房的事不许我动手,我孩子也得她照料。她爱整洁,每天到处擦洗。对瑛的女儿,我家老三最宠她,帮她温功课,和她很合得来,也闹着玩。有一天,老三的手受割伤,流很多血,被我发现,原来两人抢刀,手被她用力抽拉,伤得很重,但他一直不声张,问了才知道。后来她不幸意外死亡,他哭得很伤心。瑛因此受刺激深重,几

一九七九年在我家,主妇是继瑛。"赴宴"的有张乐平、詹同、李滨声、万籁鸣这些漫画家。

乎发疯。为离开使她伤心的家，请报社记者林里同志介绍她到深圳去。那时是八十年代前期，深圳刚开发建特区，正从各地招聘人才，她很快就被聘任为南达公司经理。她居然敢担这样的职务，使我大出意外。她原是工厂化验工人，为上班方便，我拜托北京原副市长，今言的妹夫老韩相助，把她调到离家较近的化工研究院化验室工作。她哪里会有当公司经理从事商业工作的经验啊。为此她户口迁到深圳，改名苏泓。我去看她时，知道她这公司是石化总公司属下三十二家企业中的一家，开始只有她和一两个人，住在华强路一座楼里。大家合住一间大厅房，十分简陋，是用最简便方法隔成许多约六七平方米的小间，在她住室内只见一张床，地下放着电饭锅和碗筷。过一两年，再去看她时，她已在国贸大厦租一间面积不小、很讲究的办公室，有了几位雇员，还买了辆汽车，雇了司机。总公司没给分文，是她向人借了一万元，做一次计算器的生意，逐渐发展起来的。又大做对外贸易，她不识外文，居然敢做。她是实干家，处处严谨，而且身体力行，不分昼夜，什么苦都肯吃。用人十分严格，看来不合用就辞退，毫不容情。对经手每件事，交给属下，总是及时追问，盯得很紧。几年后听说，她有个外号叫"拼命三娘"。她做生意是有赚无亏的。为此付出的代价是多病，常进医院打点滴，稍见愈，又干起来。总公司总经理换了几茬，所属企业领导随之也换了几茬，只有她是不动的。在最不景气的年代，各企业亏损无利上缴，总公司二百多人的工资是靠她发的。她这公司很小，总共也不足十人。她已退休多年，我最近问她，才知道她不久前还为一台商开办了三家公司，听说所经营的还是高科技方面的。她的职称在以前任中已评为工程师级了。记得有一年，我从深圳返北京，她送我上火车。路过市政府，停下要我陪她进去一趟。走过办公室，见我认识的一位副市长，互打招呼，便走进去说说话。我介绍了她，她说几句客气话，顺手从手袋里掏出一纸文件，是申请扩增经营项目的，问副市长合不合法。副市长看了，说声"可以"。她就请他在上面签字批准。很快走出来，在车上对我说，为这件批文省了公司一万元。听说做生意请有关部门首长批个文件，常难免需付出万元的。在八十年代，一万元我没见过。那时我每月工资是以百元计的，而且为数很少。

我想过，她的经商之才，谅是受其父基因所传。这是她继承的遗产中最有价值的一项。除此之外，还有几十间房，新中国建立后被动员全部捐献政府了。她无房住，我到市委请领导帮助，卖给她一套几十平方米的楼房。

因少孤，她性格颇急躁，口快心直，个性强烈，正是山东人中常见的脾性，而我相反。年纪她比我的孩子大不了多少，她自尊心强，不易相处。她从商，我则埋头于文艺工作，价值观念上矛盾明显。她常说我笨，侯宝林还在旁边加一句"他外号就叫方大笨"，以此相戏。我因研究漫画和幽默理论，需看许多书，又出版不少。与同行文艺界其他人互交换作品，也需买不少书。她对此不明白，见我十几个大书柜装不完，满桌满地以及床上都堆着书。她问："这些书你看得完吗？看完一本买一本多好。"我没见她除了每年买的"通书"即"皇历"之外还有其他。她出门办事都要看"通书"的。她滴酒不饮，连啤酒也不沾唇。但谁想要在酒席上把她胜过，无例外都得向她甘拜下风，她喝茅台如喝水，大杯地干，不醉的。

男人和女人之间，性格、爱好、生活习惯差异都不小，两相结合，做得好有互补相得之益，做不完善，相处就会暴露矛盾，各不相让，就会争吵以至分离。年轻时，面对世事心态都尚未成熟，性格单纯，相处间彼此会有所了解，会互谅互让，养成习惯，逐渐"磨合"。及至年长，经历使人想得多，头脑复杂起来，尤其多历困境和在复杂环境中处久更是如此。独特心态养成，成熟固定，相处间就显矛盾难容，便想改造对方，近向自己，当然很难做到，除非一方甘拜下风。或忍居仆下，勉强维持家庭生活。老人再婚本不易长久，原各有子女，更添麻烦。我和瑛共处十六年，已算难能。她虽刚强，而童心未泯。有一次她气极垂泪，吵嚷之间，我故意看她的手，假说会看手相，她立即收泪，伸过手来让我看，矛盾得以缓解。她曾责我是"蔫坏"！并几次说出"离"字，一九九四年，她终于正式提出，和平解散。

但离后我们照常一同外出，几年里人都不知。她脾性也一点没改，在一次矛盾爆发后，我们才向亲友公开。但几年后，又恢复来往。今年她出差在外省，我生日那天，她打电话来祝寿。她不想再婚，同行路上见她熟人，就指我向他们说："这是我老伴。"

几十年来，我无日不伏案或写或画，又懒散迟缓近迂，有时被指为"书呆"，实不至呆，迟缓却是明显的。因之缺丈夫气概，性懦也。我向人说过，我和瑛的结合，是靠钟灵打劫，劫来的夫人，这使我享受一段值得怀念的家庭生活。

方成世纪人生

深切的怀念

陈今言同志离开人世已经三年了,写这篇序文不能不引起极为痛苦的回忆,不仅由于二十多年夫妻共同生活的突然中断,还由于失去的是一位值得永远怀念的好同志。她过早地死去,带着"四人帮"加在她心上的致命伤。

陈今言同志是新中国培养的第一个女漫画家。她的作品大多发表在《北京日报》,因为她是这家报纸的编辑;她不但创作漫画,还发表过许多其他作品,如连环画、版画、插图等。她是美术组领导人,除日常编辑业务外,画了大量的刊头、题花之类。后来在工艺美术研究所工作,又设计过许多工艺品。此外还写过相声,曾在相声大师侯宝林指导下写出相声段子,由侯宝林亲自演出。在美术界像她这样多能的艺术家是少见的。没有想到因此使她成为"四人帮"一伙残害的目标,"罪证"就是她的作品。她不断被揪斗、辱骂、抄家,关进"牛棚",开除党籍,送进"干校"进行改造……那时,她才四十多岁。

她出身于较富裕的家庭,早年是

一九五六年在北京

位"阔小姐"。新中国成立前跟随革命的弟妹们搞地下工作，在日本占领军眼皮底下贴标语、送传单。她的家（今东四连丰西巷五号）是共产党城工部在北京的一个地下联络据点。那时候她还不是共产党员，却一直是在党的教育影响下。长期的锻炼，使她习惯于不分昼夜地工作。废寝忘食，对于一个不断钻研、追求的艺术家来说是家常便饭。但我还没有见过像她这样不仅在创作时，就是在日常工作时也如此的人，常是从早到晚不肯罢休地干。最紧张的时候，曾晕倒在办公室，被人送回了家。报纸的美术工作是多样的，除了编辑、组稿等工作以外，还有创作任务。她在辅仁大学学的是油画，报纸工作却用不上。于是需要连环画时，她画连环画；需要插图时，她画插图；需要漫画就画漫画；需要版画也搞版画。凡此一切都要重新学起。画连环画须深入生活，了解形形色色的人物，画许多平常没画过的东西。漫画在学校里是没有这一门课的，它有特殊的功能和表现方法。版画虽是画，但用的不是纸笔，而是木板和刀。一九七三年她调到北京市工艺美术研究所，做工艺美术研究和设计工作。为了把牙雕设计好，她先学木雕。她只能在家里靠业余时间学习，除了时间是现成的，其他如木料、工具、参考资料等等都须自己筹备。谁能相信，这本画集里的木雕是一位从未摸过木雕的

一九七七年春，今言在北京市工艺美术研究所。

今言的漫画：
——慈禧太后："你真是花钱能手，我当年盖颐和园的时候也没想到用琉璃瓦修饰御膳房。"

艺徒之作？我亲眼看她用小学生削铅笔的小刀（俗称修脚刀）每天干到深夜。看了她的几件木雕作品，牙雕师傅才敢把价值昂贵的象牙交给她，让她制成牙雕。学会牙雕，了解牙雕的艺术特点，才有可能设计出好的图样。她干工艺美术时间并不长，由她设计而制成的一些作品（有大件有小件的）已经在广交会上展出，并出售了。为学习和创作，她付出的劳动是惊人的。她忠实地按照党的要求，能干什么就干什么，从不挑肥拣瘦；能干多少就干多少，从不叫苦叫累。她干起来像拼命似的，而且兴致勃勃。对党的忠诚和事业心给了她坚韧的毅力和刻苦精神，因此也练成多能的才艺。她很好强，工作干不好是睡不着觉的。

这是个多么活跃的人啊！在大学里是篮球和排球校队运动员，在报社是文娱活动积极分子，是业余京剧演员。"文化大革命"前不久，在区里参加乒乓球比赛还获得三级运动员的称号。在宿舍，她是"向阳院"主要负责人，掌管宣教卫生工作，照料宿舍成百个孩子，调解人事纠纷，在宿舍里每一个家庭出出进进。孩子有什么事都要找"陈阿姨"，因为事事都是她领着干：组织学习、写标语、办图书室、清扫垃圾、打扫厕所，都是和孩子们一齐动手。地震期间，几家老弱的防震床是她抡斧子搭起来的。她体质很好，干起活来跟男人一样，手脚麻利得很。从工作上，谁也看不出十几年来她有什么变化，但精神上的创伤，简直把她毁了。一向欢快爽朗的笑声再也听不到了，话也不多说，脸上不时袭来一阵阵阴影，眉间的皱纹一天天深下去，人越来越消瘦，脾气也变得烦躁起来。一回家，把家务弄完，便埋头学习和工作，哪里也不想去。从"干校"出来一直是如此。美术展览一个也不看，那是"四人帮"搞的，她恨！她很热爱京剧，但大都被禁绝，心烦极了，无可奈何地捧着唱本躺在床上哼哼样板戏。这已是她唯一的精神慰藉。唱得像往常那样富有韵味，却排遣着满腹郁闷和忧伤。直到"四人帮"被粉碎，她面容才渐渐舒展开来，然而她心灵上的创伤已经无法平复了。睡眠一直不安稳，稍有响动，会猛然惊起。她曾说，梦中一听响声，以为又有人来抄家了。往事的回忆深深地刺伤她的心。她有时讲起她的娘家，那个当年党的地下据点被查抄和扫地出门的情景。想起还不到上学年龄的孩子因父母被关进"牛棚"不得不自己照料自己的生活时，就不禁潸然

一九五八年

泪下。想起那些造谣诬陷的大字报，想起十来年身受的折磨，更使她气闷难忍。为了摆脱这种精神上的负担，她更加拼命地工作。她体力依然很好，但致命的病灶已然形成，终于触发了。一九七七年六月的一个早晨，她骑车上班，中途转回家，倒下了。急忙送医院，又碰上两位连心脏病常识都缺少的急诊医生。几十年培养出来的党的好儿女，不到两小时就停止了呼吸。她来不及留下遗嘱。家里她箱子内除了一些日常旧衣物、书籍和画稿外，没有什么称得起贵重的遗物。在生活上她似乎只需温饱。她在工艺美术研究所那几年，午饭只买几个火烧带到办公室，为的是节省时间。她把自己的时间都用在工作上，直到最后一息。她以自己的行动在家人心中塑造了一个党员艺术家感人的形象，这是她给我们留下的最珍贵的遗物。

　　她的意外死亡，也给同志们留下深切的悲伤和怀念。许多人一进我家就号啕大哭，其中有象牙厂的工人，有报社和研究所的同志，亲友更不用说了。一位青年因画小人书《大红马》几乎被打成"反革命"，是今言多方奔走，找出许多有力的论据为他辩护，保住了他。许多漫画作者得到她热情的关怀和帮助。一位青年漫画家告诉我，他的一些作品就是因得到她的鼓励才画出来的。作为报纸的编辑，她经常协助画家们，带着画家们到工厂、农村参观访问，自己也常给工人业余画家做辅导工作。她的热情和业务上的能力吸引着许多专业和业余作者（多是青年工人），他们是同志，也是朋友。我收到江苏寄来的一封真挚而沉痛的慰问信，发自一位和她通信称她为"老师"的青年，她们没有见过面。还收到唐山寄来的一封，发自一位年逾花甲的老艺人，他们在一起工作过一两个月。在那沉痛的日子里，多少温暖的手紧紧地和我相握，多少感人的话倾诉着哀情，使我更深刻地了解她，对"四人帮"一伙丑类，也更加痛恨！

她的作品无法收集齐全，许多原作在混乱中散失，只是在同志们的协助下查到一些已发表的作品，完成这本集子的编辑工作。请同志们看看，这就是被"四人帮"打成"反革命分子"和"右派"的"罪证"。出版这本画集，是为纪念一位为党为社会主义事业鞠躬尽瘁的画家，也为了帮助我们认识"四人帮"的罪恶，从中吸取历史教训。

《无情的天河》

这本画集的编印过程中，得到《北京日报》《人民日报》和人民美术出版社的同志们的大力协助，又承马克同志协助编辑工作，田原同志题字，画集顺利出版，特此致谢。

为《陈今言画集》序。

难忘的三十五年

一九五一年,《新民报》改组成《北京日报》,不久,我离开了,调入《人民日报》。在这中间有个过渡阶段。

一天,遇见《人民日报》美术组组长华君武。谈几句话后,他说:"你到《人民日报》来吧。"我说:"我已经在《新民报》,去不了。""你可以辞职嘛。""现在不能这么随便辞职吧?"他想一下,说一会儿话就分别了。几天后,他通知我,说两边领导同意我调过去。因为《新民报》一时找不到干部,说先调一半,上午在《新民报》上班,下午去《人民日报》。我也从《新民报》宿舍搬到在东华门万庆馆胡同一号的《人民日报》宿舍了。君武对我很照顾,我早年因失恋患失眠症,睡眠不足,午后精神不振,须午睡后上班,他同意。我们不时同去东华门"馄饨侯"一带小摊上喝酒聊天。我有一次和他与王真三人合作一幅讽刺美国的组画,是在我宿处画成的。后来苏光任美术组副组长,也不时和我去喝酒,他只能喝啤酒。华君武给我的工作安排,是专管漫画这一摊,负责约稿,通联和自己创作。这在其他报社是极为难得的。他对组

一九五三年在《人民日报》

里的工作管理很严格,老连住得远,上班迟到几次挨他批评。处理稿件的信,须经他看过之后才发出去,为此我给漫画作者的信就写得仔细。多年后,一些作者向我说,他们把我处理画稿的回信都妥为收藏,江帆和罗远明都提到过,但在"文化大革命"中不得不销毁。听吴寿松说,他还有几封保存着呢。后来每人的工作任务还画出表格贴在墙上,完成一件记一件。可用的画稿,经他看过,同意了才送报社领导审阅。他在报社工作期间和后来调去兼任美协秘书长后也都一样。所以那时《人民日报》上发表的漫画,质量都是高的。

一九五〇年在天安门广场

　　他很重视对漫画作者的培养和帮助,常把他们约到报社来,请国际部的领导讲时事问题,因当时漫画评议重点是抗美援朝战争形势和宣传要点。到六十年代,我改作前夜班。下午上班看报纸和《参考资料》中的国外新闻和评论,以及新华社发来的新闻稿,处理漫画来稿和向漫画家约稿。晚上九点钟,国际部开编前会,决定版面安排,写什么评论,配什么漫画同时发表。我立即回办公室开始创作构思,午夜(晚十二时)画成,送部主任审阅,通过后立时制版,明天见报。创作主要根据新华社当天发来的新闻稿,就其中重要新闻作出评议。从九点钟到十二点,三个小时内画一幅漫画,时间这么紧迫,画起来刻不容缓。尤其有时午夜犯困,精力不足,就需用冷水浇一下头,然后才能继续想下去,想好表现方法才画得出来。实在画不出,或画成送审未能通过,也就只好按时下班骑车回家。

但我总不服输,抓紧时间再接再厉,非画成或改画好才肯罢手,由此练成快速作画的习惯。在以前,大多是每星期能画成一幅,就算不错的了。因为靠新华社新闻稿,能把创作主题集中在一点,或由部门主任或当晚主笔启发,就方便得多。这样限时作画,画多了便成习惯。人的能力就是逼着练出来的——当然也会有力尽未成的时候,但很少。

因为工作任务专一,我可以集中精力收集和研究有关资料,做笔记。看有的新闻中的矛盾可以利用作评议,有的资料觉得用漫画表现不如写出来效果好,就写成杂文,还可配一幅插图。我学会写杂文,就是由此开始的。写的都是有关讽刺国际敌方的杂文。一九五七年,报刊上发表许多文章评议现在小品文存在的问题。因漫画和小品文相近,我也参加评说,写一篇讽刺教条主义的杂文《过堂》。这是我就国内问题初试写的杂文。正因这一篇几百字的文章,"反右"时我险些被划为"右派分子"。到一九六六年"文化大革命"中,这篇文章被人诬陷,接着把我押进"牛棚"监禁,使我陷入家破人亡的悲惨境地。"文革"后,这篇《过堂》被收入一大型杂文选集《中国杂文大观》中。被颠倒了的是非善恶,终于复原。

"文革"后,多年受压抑的心情,使我不得不离开文艺部的美术组。经副总编辑李庄和总编辑批准,我转到国际部去。没过几天,朱育莲也由美术组转来国际部,

二十世纪六十年代在《人民日报》

他在那里也待不住。一转来国际部，我的创作条件大为改善。因为部领导的大力支持，我得到充裕时间，画一批漫画，其中有五十幅我开始放胆画出的涉及国内问题的讽刺画，如《武大郎开店》《告状》等。在一九五七年之后我是一直不敢画的。一九八〇年八月，这百幅画在美术馆展出。这是建国后第一次的个人漫画展。紧接着立即被各省美协要去，巡回展出——济南、上海、成都、重庆、广州、南宁、南京、杭州、天津，以后又在贵阳、昆明、深圳、珠海、香港、郑州，在北京又展一次，在天津又展两次，在广州又展一次。以后以传统国画形式作大幅彩墨漫画，这种画法古时有，但罕见，而古时是国画家画的，近似戏笔作画，因那时漫画这一画种尚未形成。同时我还创作出版几十本书，都是离开美术组之后的作品。在此之前三十年，只出过四本画集，其中有三本是与钟灵合作的作品集子。虽然这些书大多是我离职休养之后出版的，而作品中的漫画却多是在国际部工作期间——编制先在美术组，后转国际部——所出。作画写文章的功底是在此期间养成的。华君武组长对我工作的安排，为我创造了良好的创作条件。尤其是在《人民日报》这样有最高权威，领导人能力又是高水平的报社工作，也是由华君武的推荐，此情难忘。他后来任文艺部主任，离任后到中国美术家协会任秘书长、副主席和顾问。他比我年长三岁，他的漫画是我佩服的。组内别的同志都叫他"君武同志"，我一直叫他"老华"，因为这是我的习惯。过去我在化工研究社和工厂工作时，见领

一九五七年。左起：华君武、亚明、方成。

《异军突起》

导我的工程师就喊"老刘",对职务高的主任都可称"老赵""老魏"等等,我们都很熟识,不感拘束。社长年老,则称"孙先生""张先生"。他们对我都很爱护。和主任间也互称"先生",我称他们"赵先生""魏先生",他们称我"孙先生",因场合不同,称呼有异。通信一般彼此称"兄"。现在我写信称女同学为"女兄",是学鲁迅先生笔法。

以前我连环漫画看得多,上海《西风》杂志每期都有西方连环漫画转载,都是无字的,对我影响最深,使我喜爱,因此也较为擅长。一九四八年至一九四九年在香港,就是以画连环漫画《康伯》在《大公报》连载,也是无字的。新中国建立后,在《新民报》上画的也是以连环漫画居多。到《人民日报》后,主要任务是以对美作战配合新闻画国际题材的讽刺画,连环漫画多用不上。只有为应付外稿才画一些,主要是为米谷主持的《漫画》月刊画了两组,一是《美国兵在台湾》,一是《乔大叔》,这两组画常听同行们称道。我有约稿任务,《漫画》编辑江帆也有约稿任务。他放言:"你不给我们画,对不起,我也不给你们画了。"我晚间上班,他白天电话催稿,我不敢怠慢,就苦思作此连环漫画了。

另一次,记得是《儿童漫画》编辑顾朴,我们友好,他约稿我须如约,画一组《父与子》,其中《各有所失》《艺术摄影》等几幅,我自认满意,曾多次发表。

我的漫画展中,一半是报上已发表过的新闻漫画,是配合新闻同时发表的国际题材作品,另一半是新作的以国内的事为题材的讽刺画。在各大城市展出时,除杭州外,各市大报都有长文发表作评议,但评议全部论的是国内题材的画,国际题材的均一字不提。因为国内题材讽刺画限于对事不对人(具体人),而所评的事常有与此相关的人都只是"某某",画中人也。这

《没处下嘴》
(一九五九年)

种人和事从未灭绝，画就可以不断发表。我在一九八〇年发表的《武大郎开店》《钓鱼》《不要叫"老爷"》等许多画里，至今已发表多次。虽然依我国生产不断发展，稿费依此不断削减的"规律"，今年一幅画的稿费，相当于五十年代稿费的四分之一。但因画的重复发表，有的所得可能达到五十年代稿费之多的。按五十年代一幅画的稿费，可请一两桌客人吃饭，如今只能请一位了。而国际漫画是新闻漫画，事过境迁，已失新闻性，失效了，人不爱看。尤其是年轻人大多未知此新闻，更觉失趣。

"文革"之前，美术组在华君武领导下，工作、生活都是愉快的，可说事事和顺。工作之余打乒乓球，兴致很浓。经比赛我被选为报社乒乓球代表队队员。虽在对外比赛中保持不胜记录，也以当此队员为荣。家在城南，上班骑车走，须约半小时。午夜回家也走半小时许，都是体力锻炼。业余时间尽量学习，抄笔记，写心得，依约作画向外投稿。笔记本抄满不少，因此日夜忙于学习和工作。缺点是和孩子们接触太少，有失为父之责，对不起孩子。幸而有今言和保姆赵大姐管教，使他们都走正路。亲友来往的都是受过良好教育的人，使他们从中得良好身教，这都使我深感有幸。

"文革"之后，转到国际部工作期间，生活、工作也同样都感愉快。此前和文艺部诗人曾岛（署名易和元、天马）配漫画作诗画配，以后和国际部主任谭文瑞（署名池北偶）合作诗画配。他任报社总编辑后仍不断合作。同志之间，感情交融。和漫画家之间也都是友好相处的。我从七十六岁开始，每年都有多人为我贺寿，从无间断。他们记得我的生辰，惭愧的是，他们的生日我都未记，以前不知改正，今后就要下决心去记了。我在武汉大学同班同学，在国内所知的共有九人，过八十岁生

日，是集合在武大一同过的。可惜年老，至今只剩七人健在！我们还想再合过一两次生日呢。

　　美术组原是独立编制，后归属文艺部。文艺部主任先后有林淡秋、袁水拍（写诗署名马凡陀）和陈笑雨、华君武，对我都信任友好。国际部主任先后有潘非以及袁先禄、谭文瑞等，我们之间，也都友情相处，彼此信任。

　　我在《人民日报》上班工作三十五年，是受教育最深，从业进步最快，在正常年代生活最愉快，和正派同志相处十分友好的几十年。和工厂、食堂里的许多工人常在一起打球、游泳、开玩笑。在"文革"期间，工人和许多同事对我不大虐待，有不少人对我还表示同情。所以在"文革"期间，我挨批斗记得仅一两次。我所以能在这十年苦役中，除了耳部伤之外，身体健康尚能保持未受损害。唯一的好处是自此之后，敢于用自己的脑子思考，分辨是非。自从转到国际部工作之后，在工作上取得以前不易得到的成绩。

下放阳江

一九五八年，报社规定，编辑部派人轮流下放从事农业劳动一年。我在美术组里是唯一四年毕业的大学生，已定为"资产阶级知识分子"，是思想改造的头号对象，自然先派我去。我们八人一组，派到广东阳江县农村。有三人是会说广东话的。我们之中的四人分到良垌村里，老周任书记，我任副社长。社里分一部分青年，由我们带领，分配工作。那时我四十岁，身强体壮，干农活和青年们在一起，从事强劳动。我吃饭在社长家里。早餐喝粥，有红薯。午饭晚饭记得都是米饭，每天分配白米一斤，吃素菜，老吃不饱。有一天，老周到县里开会，他饭量小，到县里有好吃的，我把他的半斤米要来，中午加上我的半斤，煮成一盆饭，吃得一干二净，觉得这一顿是真吃饱了。吃晚饭时，天已经很黑了。平时吃饭，里面总有几个苍蝇煮在一起，我用筷子的上半截儿把它挑出扔掉，继续吃。后来习惯了，就和夹菜一样，把苍蝇夹出来扔掉，接着扒饭吃。晚饭时天黑，看不清楚，挑出几个算几个，剩下的也就和社长家人一样扒着吃了。吃红薯个个都是连皮吃掉的，我也照样连皮吃。后来实行公共食堂，农家各户把米和菜放在几个钵里，都交给食堂蒸。蒸熟后，一排排放好，等各户来取。过一会儿再看，钵里一片黑。人来取时，饭上面的苍蝇飞走了，才现出白色的饭来。

广东多雨，地上湿，人都赤脚。我们先是买汽车轮胎制成如草鞋式的鞋子穿。今言曾给我寄过袜子来，人见了都笑。没过多久，我也能在村里赤脚走了。但上山采竹去可不行，被伐过的竹根、小树根扎脚很痛。农民赤脚踩上如履平地，我可受不了，还得穿上那双胶底的鞋。我扛着四十多斤的竹子，走长路回村。

社长姓李，也是队长，是很有本事的劳动模范。由他开渠设计，使村里的田都是自流灌溉的。在这"大跃进"时期，他带领农民劈山造田或作他用。我是负责工业方面的事的，创造过用杉木搭成滑梯，以长绳拴着大篓子把高处的土放滑下来。后来才发现这种设计是失败的。农家肥一担担地挑来，他从挑的木桶中用手指沾一下放进口中尝尝，能分辨出肥效浓淡来，这是我亲眼见到的。这时报上不断登出农业高产数字，各处以此争"放卫星"。从《人民日报》上见到一个女孩坐在地里成熟的一片麦尖上的照片。县里号召种亩产二十万斤的水稻田，有现成印出的方法。我们看了，认为田里为使禾苗通风透光需用很多日光灯和电扇，村里拿不出这么多钱，也没有足够的劳力。我和老周商量，改用亩产十万斤的"配方"，只种几分地试试吧。为省人力，把一个泥潭里的水淘干，施大量农家肥，播上种子。看禾苗长出，又壮又高，是苍绿色的。没多久，因密植不通风，我们将长禾一把把用细绳捆起。过后仍不见起色，没办法，用电扇又没那么多钱，只好眼看着都枯死了。

县里曾号召农民写诗，要贴满墙头，而且限几天完成。农民哪里有几个识字能写诗的？急得老周和我来写，像"不看不知道，看了真热闹"之类的顺口溜，我们也写不了几条。于是老周就翻书大抄起来，写在红绿纸上，到处去贴。

老周体质较弱。有一天生病不能吃饭，便托同来的老阕（殿义）为他煮一碗稀饭。他担了一担木柴进厨房，好久没出来。我去看时，木柴已烧掉半担，一大锅水烧开了，里面只放小把米。老阚说："烧了半天，怎么看也不像稀饭，没办法！"这个大锅直径近一米，装满水来烧的。他没做过稀饭，只好请别人做了。

听农民说，村里不远处有一种暗色的土，叫泥炭土。我是学化学的，知道这种土有用，就派几个青年把土挖了挑来，和上农家肥，包括鸡鹅猪的一切，沤成黑色的泥粉状，用来施肥，用手抓来撒出，不像粪那么臭，显得干净又方便，农民都爱使用。

为了减轻体力劳动，县里号召制造手推车，代替挑担子。这事由我负责来做。我先做了一辆，然后大家都做。先是规定一个月完成。我和那些农民个个都忙着做车子。刚过几天，县里改为促进三天内完成任务，这一下我们更忙了。农民的木工手艺有限，做出的车子没用过几回就散了架。田埂窄，推车子很不好走，人都失去信心，没兴趣，这件事终于不了了之。

亩产试验田没成功，还得按县里指示，把几块田里将熟的禾稻挖出来，集中种在一块田里。用手挖禾稻很吃力，速度也慢。我只好设计一个挖禾稻的类如双指的铁钩，让铁工做了许多。村里能人多，木工铁工都有手艺，很快就打造好一批，大家用来挖禾稻秆，方便得多。后来结果如何，我就不知道了，因为要去海陵岛取红薯秧。我们是乘村里小船去的。起程前，发现船里有老鼠活动。几个人一道来捉，很快捉了两只，大约半小时，他们就端来一小碟炒鼠肉让我尝尝。我吃了两块，口感不错，颇似田鸡肉。后来我还写了一篇文章《鼠肉餐厅议》发表，已收入一九九七年湖南文艺出版社出的《画家散文》集中。

一到海陵岛，收到了一部分红薯秧，我忽然发烧。船没装满，不能乘船回来，我只好自己绕道走着回阳江。路上要住一宿，不记得在什么地方住的。发烧体温很高，头发烫，发晕，幸亏体质好，硬顶着剧痛回到阳江，住进县医院。检查结果，患的是副伤寒，只好住下医治，住了几个星期才见愈。这时下床已经无力走路，腿已瘦得只剩下骨头，脚底脱下一层像一片鞋底，那是赤脚走路养成的老趼。这时县里乡里都在"大炼钢铁"。当时村里为积肥，需要做墙做灶的土，于是住这种土墙屋和有土灶的，都须拆下捣碎当肥料，人搬到别家去住，说以后盖新房给他们。我没机会参加"炼钢铁"。下放结束后，我回北京路过中山乡下去住了一两天。我们村的对面不远是一片山林，我小时候随大姐去拾过柴。那里的整片松林不见了，光秃秃的，都是在"大炼钢铁"时砍伐掉当燃料烧光的。许多家天井上的铁栅栏不见了，是当一种原料投入炼铁炉烧成铁渣了。回到北京，见大街上有的路砖也被挖去，听说是用来充当炼铁炉里的耐火砖。

过去阳江出产一种不锈钢的小刀，十分锋利，我买了一些分送组里的人。后来，华君武说，家里几个人手上都被它划了个伤口。现在再去就买不到了。据说这工艺已经失传，十分可惜。

还记得为改良农具，曾派我去县城里和廉江、合浦等地学习。在县里曾要我设计插秧机。对这种复杂机械我无设计能力，没敢去做。到廉江一带记得看到那里做的沼气池，我照此画出图样，回到阳江做过。

有一次听说，广西某县发明用山洞当炼铁炉炼出钢铁来。对这种做法我不信，我读过炼钢铁工业的书，知道那是不可能的。

有一天，老周听到消息说，发展两三年就能达到共产主义，告诉了我。

我回到报社时，见到报上发表许多歌颂"大跃进"的漫画，画出的猪如象大，花生壳可以当小船。许多漫画家都投入歌颂"大跃进"运动创作中，那时我不在北京，没赶上去画。但后来针对外国对"大跃进"的抨击，画过讽刺这种抨击的漫画，为"大跃进"歌颂过。现在人们都知道中央对"大跃进"已作否定的评价。

想起"牛棚"

"牛棚"是什么?

我问过许多三十多岁的年轻人,他们都以为是乡下养牛的棚子,其实不是!

一九六六年夏天,中国大地又发起一次政治运动,叫做"无产阶级文化大革命"。革的是国内"走资本主义道路的当权派"的命。我所在的《人民日报》各部门的领导一个个被"造反派""揪"了出来,谴责他们是执行开国以来党中央一部分领导人执行的"文艺黑线",使国内"资本主义复辟",加以批斗。我不是共产党员,自然不是领导,但也被"揪"出,和他们一样,押去监督劳动,然后再一起都关进了监狱似的所在。当时《人民日报》发表一篇陈伯达写的社论,标题《横扫一切牛鬼蛇神》,我们就都成了"牛鬼蛇神",被关的处所就称为"牛棚"了。各编辑部和工厂、行政部门的人,纷纷起来当"造反派",成立各种名目的"战斗队",个个臂上带着印有队名的红袖箍,来管理,去监督劳动。

我为什么也被"揪"出来,前面已经提到,主要是一九五七年我写的一篇讽刺教条主义者的杂文《过堂》,没有划成"右派分子",另一幅画是在新中国成立前没有站在共产党立场,也没有反对国民党,对两方采取同样态度的漫画。这两件,早已被有心人记录在案,乘此机会掏出来,作为"反革命"罪证，写在大字报上。

我们住的"牛棚"设在房山县农村，在空地上挖出个大窝棚，里面高处铺上麦秸当床，几十个人挤着睡，男女分开。管理"牛棚"的那些"造反派"青年，平时和我在一起打乒乓球、游泳，也常来往，很熟识的，对我另眼看待，也不虐待，还让我充当个小头目，领着去劳动的。

我知道妻子陈今言在《北京日报》是个副组长，也被批斗关进那里的"牛棚"。家里保姆赵大姐被"红卫兵"赶走，只有上小学的孩子老二继红和四岁的小三。老二不会做饭，小三不会洗脸，家中无人管教，别家谁也不敢过问。遭此大变，我只能天天干活，晚上写检讨，写悔"过"书。经过几次政治运动，我已领略到运动对象是人说什么听什么，说你是，你就是，不是也是，不准还口，不准解释的。一开口就被人大喝一声："不老实！"我头脑里已经空白一片。在这无法无天的年代，人活着被别人任意处置，随便来抄家，不断打骂，那是很难过的。我是有几个青年"造反派"优待的，记得只挨过一两次批斗，虽然也想过一死了之，但总放不下家里人。文艺部主任杂文家陈笑雨已经自尽了，还知道报社另四位也已自杀。我算是还能想得开的。想过许多人被捕入狱，其中不少是投身革命的，那就当是自己被捕入狱吧，看情况总会有出狱的一天。既然这么想，我就想趁此在强体力劳动中锻炼身体。我体质还不坏，可以越练越坚实。将来被释后可以多活几年，夺回失去的时间。我的五十岁生日是在"牛棚"里度过的。

一九七〇年，上面下指示，把"牛鬼蛇神"赶出北京，户口也带去。宣布的会上，我举手申请离开北京。因为我对报社、对北京已感觉生活无可留恋。我还意识到，即使能恢复原职，有人是不会放过我的。我已到了破釜沉舟远走他乡的时候。除我之外，只有两户有"严重历史问题"的人是非走不可的。其他都不走，其中很多高级干部，人数那么多，很难处理。我下决心离开，是从贴我的大字报看得分明，"上纲"无所不至其极，而且还要我把一篇讽刺西欧国家的画拿出示众。画的是阿登纳、麦克米伦等，硬说是影射我国失业、贫困问题的，所凭资料都不是一般人会联想到"上纲"的，很可能早就在他的本子里登记过的。我听过他在批判中说的一句话："我早就知道方成反动（大意）。"在大字报上所用的语气之尖酸刻薄和人身攻击，是无法忍受的。再和这种人同在一个单位共事，而他又有"党票"，身居教育者地位，我还能安心活下去吗！从"牛棚"放出来时，是一个个放的，要写"认罪书"。几十人都放到"干校"劳动。最后剩我一人，只好也把我放了。可知有人对我是恨之入骨的。这也是"文革"后我立即离开美术组，转到国际部的根本原因。

"牛棚"其他人都不肯离京，除两户有"历史问题"的人非走不可之外，没一个和我一样连户口迁走的，可能掌权者另有考虑。

我回家把我要离京的事告诉今言，她也一肚子气，毫不犹豫地说了一句："你上哪儿我就上哪儿！"把孩子都带走。

《人民日报》的"五七干校"设在河南叶县刘店村，为便于监督我们，我家户口也迁到刘店，在衬里借住在一位书记的一座小房里。那是土坯盖的，有门无窗。屋里摆下一张木床、一张绳床和一张带抽屉的小桌子。我们只带来两个木箱，其余不让带，暂存在报社仓库里，以后处理。家里原有的戏曲音乐唱片早已被砸得粉碎，书也都不见了。人人都可以随便进屋抄走东西，连钢笔、布票也拿走。所余无几，只剩大家具。因无窗，白天取东西须用手电照明。做饭洗衣自己去井里挑水。有一天我回家，一脚踩进水桶里。已设法使老二在叶县城里上中学，可以住校。小三已有八岁，没上过学。安排他在村里学校一年级。他去了，很快跑回来，再也不肯去。他说："一年级学生净是光屁股的！"我们只好向学校求情，让他上二年级。农村人对我们都很尊重，就答应了。他放学回来，和村里小朋友玩得很高兴。他到哪家，都受款待，像当客人似的，给他烧红薯吃。这红薯已是当时当地农家所能拿出最好的礼物了。公社大队里最壮劳力，每天工分只得二角钱。他们不得不编席子到集市出售，赚些菜钱和零用钱，以此维持生活。种地分到的麦子，都要用小车运到附近的方城、舞阳、平顶山等地换成红薯干作为主食，一斤麦子可换好几斤红薯干。红薯干当饭吃难下咽，也渐渐吃惯了。书记的儿子吃了拉不出大便，胀得直哭，他祖母只好用手指为他挖了出来。

晓纲在一九七二年

我们见小三在村里到处受人爱护，和小朋友玩得很开心，我们夫妇都很放心。回想我们有一次从"牛棚"放进"五七干校"，回家看看，一到家，远远就见一个孩子满脸污黑、衣服不整地跑过来，喊"爸爸"，这是刚五六岁的小三。今言见了，含着眼泪给他洗澡洗脸，换衣服。我们一直担心他弟兄两个都不会做饭，怕他们活不成。后来才知道，只有宿舍食堂的厨师张师傅是工人，敢于帮助，看孩子可怜，给他们做饭吃。我们

175

夫妇都成了"革命对象"，子女照例都受株连。别家孩子谁都可以进我们家，想拿什么拿什么。老二不会管钱，有一次把发的十五元生活费被别人偷去。幸亏我弟弟知道，才补给他去交饭费。老二还被人用弹弓打坏了一只眼睛。好在两人都还活着。今言决心跟我离开北京，她也是不想继续受气。她性格刚强，无故受冤，她哪能再和那帮整她的一伙人接触啊！

村里人对我们都好，很尊重。有一次，我的自行车坏了，被一位农民青年看见，说他会修。说完就跑回去取一些工具来，还带来一位中年人来给我修车。原来他说会修，是知道有人会修，把那人带来了。邻居很疼爱小三，送他一只狸猫玩，他可高兴了。有一年，老大继东从插队的内蒙古来，给他买一支气枪。他常到场院里去打麻雀，打来喂猫。这猫也怪，明白给它的麻雀是用枪打来的，一见小三扛枪出去，它就紧跟在后面，引得人大笑。两年后我们奉命回北京时，他要把猫带去。上火车是不许带猫的，他急得大哭不舍。我们只好哄他，说把猫寄走，才算罢休。回到北京找一只狸猫给他。

可能是"造反派"里对我表同情的人的照顾，派我到厨房帮厨，这是轻劳动。今言下田种地，同来"干校"劳动的人相处很好。报社职工每年分批来"干校"参加体力劳动，据说这是"知识分子思想改造"的良方，但工厂里的工人也派来劳动，男女都有。今言是体育运动员，体质好，又好强，什么都能干奸，和大家相处很和睦，有说有笑。但一回家，就闷声不响，双眉紧皱。有时候急了，就唱唱当时许可的样板戏唱段，但和邻居还是有说有笑的。有一天，一个农民胳膊上被蝎子蜇伤来找书记，我一时不知所措，今言一见，急忙跑过去，用口吸他臂上的伤口，把毒液吸了出来吐掉，然后给他包扎起来。她这一举措，使我深愧不如。我知道她在《北京日报》美术组担任

领导职务，除行政工作外，其他事都是抢着干的。中午别人午休，她仍在干活，画刊头，写美术字，画插图，画漫画和连环画，后来也刻木刻版画。她在辅仁大学艺术系学的是油画、水粉画，在报纸上用不着。漫画是我教的，她很聪明，没过多久就画出相当出色的《西太后发言》和《无情的天河》发表在《北京日报》和《人民日报》上，作品受到毛泽东主席的关注，要别人找《北京日报》去看。版画她原来不会，很快也学会了，刻出相当不错的作品来。京戏是向京剧老师学的，不但能唱，还彩装上台演出。大鼓她也会一点，常是口不离曲，平时下班回家，常听她哼着曲走着回来。平时也打球，在业余活动中很

一九七二年在刘店我"家"门前，和房东一家合影。后排中是书记天福同志。

活跃的。性情又开朗，和同志们相处很愉快，在家里和孩子们一起，和邻居都交往。经过这场"文化大革命"，下到农村来，就变得沉闷不堪，像变了个人。只有在干活、下田栽秧时还有笑容，一到家，她靠干活排解沉闷。我也懒得开口，找活来做。看见有的农民晴天还在穿雨鞋，问了才知道，他们下田干活是必须穿雨鞋的，大多是长筒靴。因买不起鞋，平时也就穿雨鞋了。我见许多人家里有破了的雨鞋，就让他们拿到我家来，我用补自行车带的方法都给补上。平时我家里就可见不少破雨鞋，堆在一旁，等我有空就补。我们有假日，记得是十天半月放一天，我总是骑车到处跑。去过舞阳，平顶山去得更多，去一天才回来。

在叶县生活这两年里，我们精神上没再受折磨。记得只有一次，城里有便宜的白布卖，是不需用布票或少用布票能买到的，人人都去买许多。这时军宣队——从部队派来当领导的——紧张起来，说这是"阶级斗争新动向"。买布的"牛鬼蛇神"个个做检讨，没更多的批判。因为和下来劳动的职工同劳动，大家相处也还正常，所以我们也就和正常的劳动一样。和农家相处不受歧视，关系融洽。孩子们过得使我们放心。和在北京相比，心情轻松许多。此时林彪外逃，在温都尔汗坠机身亡，来劳动的人有的还以此说笑话。很快我们奉命将户口迁回北京。为答谢乡亲们的厚意，我为每家人拍合影。后来我把这些照片放大，寄给他们各家。

回到北京，分到新设在昌平县的"干校"里，我们一家四口住不足十平方米的小茅屋。我立刻退出"干校"，住在报社招待所，要求分配宿舍。那时"文革"气焰已有所减弱，我是据理力争的。报社无奈，在南阳胡同（前称箭杆胡同）把两间不见天日很潮湿的房子分给我，我才回"干校"去。在"文革"

一九六九年在房山干校。左起：张必忠、王立身、方成、魏树春。

后期，我们被放回家。我仍回美术组工作，只干杂活，作剪报，做集资料的事，比过去工作轻松多了。下班回家，买了个很旧的德国照相机，又用木头做个放大机，在旧货摊上买了个相当好的镜头，做放大效果很好。"文革"时家人许多照片和穿西服的照片都被毁掉。我还保存着底片，都把它放大，效果和照相馆放的一样。我买许多处理胶片成天在各处拍照，自己冲洗，自己放大。还替别人放大照片，许麐庐和齐白石的合影是我替许先生放大的。由此学会了一门技术，准备将来以此谋生。"文革"后，我恢复工作。《北京日报》召今言回去，她死也不肯，不想见过去那一伙人，就分配到北京工艺美术研究所。我回到美术组，受压抑之感越来越沉重。我在美术组十几年，都是专管漫画方面工作的，竟有人当着我的面说，美术组里漫画工作没人管。决定从福建把丁汀同志调来。我就向副总编辑李庄同志申请离开美术组，到别的部里工作。他得知我的申请理由，向我说："好吧，我向老胡替你说说。"老胡是总编辑胡绩伟同志。图片组领导得知后，对我说，可以调图片组来。过去我的工作和国际部有关，最常联系，大家都很熟悉，便向国际部主任袁先禄提出调来，他欣然同意，这时身旁一位同志说，他举双手赞成。过两天，我去国际部办公，进门就看到专为我安排的位子，桌上已经放着当天的和两天之前的《参考资料》，那是本部编辑每人一份的。他们从同意我调来那天起就一切安排妥当了。

自从离开美术组，我心情大快，干活轻松愉快。一九七九年，我参加第四次文代会（中国文学艺术工作者第四次代表大会）。在闭会期间，邓小平同志来致祝辞。我听了，知道可以画有关国内问题的讽刺画。散会后立即向袁先禄主任请假，说我要开个人漫画展，要求不上班去做准备工作，有事可打电话到我宿舍找我。他的话很干脆，说："你准备画展吧！这时候不必来上班，没事不找你。"因此我得到三个多月的假期，画了百幅画，于一九八○年在美术馆展出。如果我还是在美术组工作，这是绝对不可能的。

在国际部工作到一九八六年离职休养，我是日夜不停地工作，白天上班，晚上做自己的事。除作漫画写杂文之外，还研究漫画和幽默理论问题，出版评论和理论著述。在这九年里，我出版画集、杂文集和理论著作六本。在此之前的三十五年中，我只出版过四本书，其中三本还是与钟灵合作的漫画集。我总想到，"文革"十年使我白白浪费掉那么多时间，实在是有人造孽，否则我能做的事更多。好在我体质还好。在叶县帮厨时，我能背起一百八十斤的大袋米，走好几步，那时我已经五十四岁。

虽然我离开美术组工作，但和美术组的同志，除个别人之想起『牛棚』

晓纲画我

外，都一向友好。离职休养后，也和他们常来常往，互赠著作。

在这次政治运动中，是我连累了今言。如果"造反派"没把胡乔木揪来报社批斗，因而被人乘这机会利用群众激昂状态，暗中写条子害我，我可能会安然躲过这一劫，可以在家里照顾孩子，今言大可放心，不至于操心过甚，忧虑成疾，再有气闷含愤，终于不幸中年去世！为此我是耿耿于怀，终生难忘的。

记得在"文革"之初，我看中央文件，理解为鼓励向领导提意见，所以写的第一张大字报，就是对事的批评。记得有一条写的是，批评领导人对群众投来的画稿，看得不细，退稿就用印成的通用退稿信，匆忙退出。其他就不记得了。不料因此激怒某些人，反击的大字报是挖空心思，借题作政治陷害。我这时才明白是所谓"上纲"。既然他会"上纲"，我也照此回复。可我没有什么可"上纲"的材料，就到图书馆查美术组编的图片和美术版，查了很久，才勉强给"上"了"纲"，而都是从报纸上抄来的，不会别出心裁硬"上纲"，更耻于做人身攻击。而对方对我是早有准备，把我说的话和做的事早已记录在"案"，所以写得顺手、刻薄。在历次政治运动中，有"抓辫子"一说。一个人即使干了一辈子好事，只要做错一件，或不错而硬说是错的事，就叫做"辫子"，能被人抓住借此来打击人。我的"辫子"最大的是那篇讽刺教条主义的杂文《过堂》，在政治运动中成为"罪状"，只在正常年代才会被选入供人鉴

《业余档案家》

181

赏的文集中。从几次政治运动中看出，人们都是靠"抓辫子"整人，来达到于己有利的目的，因此造成一种人以收集别人的言行资料以备当"辫子"可抓之用，会使人深怀戒心。尤其对这种人更是不敢推心置腹讲话的，使人际关系变得很不正常。同事之间，见这种人只能避而远之。但这种人在政治运动中会干得无往而不利的。

在"牛棚"里，我闲下来很苦闷，就天天写思想检查，都是按"造反派"的需要说的违心假话，以此解闷。那时已顾不上个人尊严，因为自己已经被压成任人宰割的动物，和文明世界是不相干的。我不可能按文明标准说实话使监督者接受的。

"牛棚"是政治运动中的产物，住过"牛棚"，对政治的含义是有亲身的体会的。

难得一乐

想起厨艺

不知是何方人士推荐，我曾被邀参加美食家的会，吃过美餐，还有烹饪杂志不断寄来，不知该向谁道谢。其实，我和"美食家"是沾不上边的。平时吃饭很普通，上饭馆不会点菜。一人自己做饭，最常吃的是挂面，最常配的是鸡蛋和西红柿，因为那最省事，也最省时。自己下厨房招待客人，没多少回。一回是请上海来的张乐平，他爱吃螃蟹，我买了一脸盆，其他的菜很一般。再一次是广东来的黄新波和关山月，我把我们的好友余所亚也请来了。那时菜场供应有点紧张，我特地去买到几味广东人爱吃的菜，做出清蒸鲥鱼（那时四元一斤），鲫鱼清汤，清蒸平鱼，豆制品和淡菜（一种蚌类干）炖的猪肉，其他就是酒菜和炒的菜了。每次接待来客都有这味炖肉。后来侯宝林吃过几回，称之为"方家菜"。那时我的宿舍是在东城南阳胡同的两间不见天日的平房，厕所在院里，离我宿舍很近，走几步就到。新波如厕，天黑看不到墙上的字，走进

一九八〇年廖冰兄、关山月来我家（左起）。

了女厕。一进门,就听里面大喊一声,他急忙退出,走进旁边的男厕。过一会儿,关山月去,也走进女厕,一进门,就听见一声大喊:"你还来!"吓得退出。回来说了,把我们都逗得大笑。

一九七九年(左起)张乐平、沈同衡、万籁鸣在我家。

我宿舍搬到朝阳门外金台西路,住在南区,曾接待过几次来客,常来的是报社同志舒展、蓝翎、姜德明、王若水,其他有时是荒芜、邵燕祥、吴祖光、牧惠,石家庄来的韩羽,四川来的魏明伦,都是我下厨的。

从外国来的,有挪威奥斯陆大学的教授何莫邪,他研究汉语。我给他做的清炖羊肉,他吃得一点不剩。再次来时,我陪他去访萧乾,在萧家吃的饭。不久前美国传播学教授约翰·兰特夫妇来时,是在饭馆用餐的。在此之后,我没再下厨接待客人了。八十多岁的人,兴趣已转移,专门想着省时间,忙着去画和写这写那去了。

我在别人家做客，所见无例外，都是下厨的人离不开厨房，在客人快吃完时才得空上餐桌陪着吃饭。我是从头到尾都在餐桌上陪酒陪饭陪聊天的。我这办法，已经写成文章，在烹饪杂志上发表了。这办法是：

先把几样菜做好。主要是一锅炖菜、一锅汤，准备两三个炒菜先切好，放在碟子里，一下锅就炒得出来。方便的话，再加一味清蒸鱼。

酒菜主要是从副食店买来，蒸过才用。一般是猪肝、鸡肉、肉肠、熟牛肉切片之类，加上花生米和我自己早做好的凉拌莴笋小块，这一味后上。

客人进餐时，几味酒肴早已摆好，我陪着喝酒。接着端上凉拌莴笋和早已炖好的肉一大盆，里面有豆制品和淡菜。过一会儿，我进厨房炒鸡蛋西红柿，只两三分钟端出来，接着上桌陪客。再过一会儿，再进厨房，炒扁豆端出来，继续陪客。这时酒也喝得差不多，许多位想放下筷子。我进厨房把白菜豆腐

一九八五年和何莫邪（奥斯陆大学教授）在萧乾家做客。

想起厨艺

汤一大锅端上来,添上饭。这时,想吃饭的已经不多了。来人不多,鱼可不用。如果用时,只需把准备好的鱼放进蒸笼里,十几分钟就熟,很方便的,用不着站在厨房里等。

自己下厨做饭,所请的客人大都是平常聊天的,这是借酒闲谈,比在外面吃饭有趣,可作长谈。酒饭只是助兴而已。

记得是八十年代在文代会期间,上海张乐平、万籁鸣、詹同,北京沈同衡、李滨声来我家。那天都很高兴,张乐平和万籁鸣挥笔作画。不过饭不是我做的。除韩羽之外,很少有人在我家作画。早年我藏书不像现在这么多,还可以腾出小桌子画几笔,现在可就难了。

我在别人家吃饭,只有钟灵对烹调有兴趣。他会宰鸡,很快,只需半小时,连毛都煺净了。我每次去,他下厨房。现在他已年逾八十,行路又难,这才和他的厨艺告别了。

方成世纪人生

忙人·杂家·乐神
——钟灵外传

一九五一年和钟灵在一起

　　从前，在学校里做化学实验是两个人成一小组，我那伙伴名叫钟灵，但不姓钟。后来，画漫画和我合作的伙伴，也叫钟灵，他姓钟。广西电影制片厂新出一部评价颇高的影片《黄土地》里，给新婚夫妇唱礼，头戴瓜皮帽的那个演员，就是他。

　　他是画家，是《黄土地》的美术顾问，怎么还当起演员来呢？

　　这不奇怪。他不仅仅是全国美协的会员，早先他表演过杂技，至今仍是杂协会员；围棋协会开会有他，他也是会员；电影美术协会开会更不消说，他是会员。还有别的什么协会里，也能见到他的。我记不清他是多少个协会的会员了。他忙着哩。

　　可不是瞎忙。设计邮票他得过奖，写歌词也得过奖——影片《甜蜜的事业》歌词是他的获奖作品之一；画海报好像也得过奖，在延安城墙上写字还得过大"奖"：上了《毛泽东选集》——见《反对党八股》一文中"第三条罪状"。

　　有人评他的作品，说他画得不错，但不如他的诗。四言、五言、七言、古风、律诗他都来得，能即席唱和。词也填得，白话新诗写过不少，讽刺诗词更是拿手长技。作画不论花鸟、人物、漫画、装饰画、广告、商标、舞台美术,样样来得,还写得一笔好字。书法虽不如羲之王老,可向他求墨宝的,我见过不少。唱歌比不上楼乾贵、蒋大为,可唱起陕北信天游还真够味儿。我见过他唱自编的歌的唱片,虽然是唯一的一片。虽然在艺术上有欣赏价值,经济上却尚未见交换价值。

他再当个演员,有何稀奇?

在延安,他被称为"四大忙人"之一,大概因为他是杂家,什么都来得的缘故。他不仅从文,还从武。早年他打过仗,在革命战争中几度临危,却似福神保佑,奇迹般地幸存下来。他说:"马克思还要我留下,阎王爷不敢收!"

写文章他是快手,写个报告、总结、颂词、祭文什么的,倚马可待。当然,表现他才思的,是发表在报章杂志上那些文风活泼的文章。

举办游艺晚会,人们就想到他。从会场布置、节目安排、宾客接待直到当场表演,他无一不能;特别是做灯谜,他有见景生情临时现编的急才。在"四人帮"横行期间,差点惹出大祸。他在家养伤时,编了不少对"四人帮"大不敬的谜语,同志好友相聚,便悄悄拿出来,作为排遣积郁的笑料。我记得有这么个谜语:"骨头卑贱一身轻,直上青云靠顺风;一朝线断无着落,飘零掉进臭茅坑。"人猜是风筝,他说"不是",然后悄声说:"江青。"他胸怀坦荡,以己度人,失之天真。一位有心人偷偷记下来,写成小报告往"帮"里递上去,结果使他锒铛入狱。大审会场已布置,但这时"四人帮"也都入了狱。他只被关了八天,就迎着春光,提着一瓶酒兴冲冲地跑回家,我正在他家里等着呢。一见我他就说:"老方,我可没出卖你。"等他的人不止我一个,他一边打招呼,一边找围裙。夫人马利没拦住,他一下子溜进厨房,边走边喊:"有话回头咱们就着

钟灵

酒说！"那天乐了个半宿。

他是急性子，做起事来，不干完不肯罢休，练出了熬夜的本事。走路像赶火车，骑车也和小伙子比，好像他不算六十多岁的老人。一天，应邀来我家吃晚饭，天黑路不熟，没看清马路新挖丈来深的横沟，连车带人翻了下去。被过路蹬三轮车的青年送到我家时，他忍着痛说："没关系，喝点酒，一会儿就好。"还要上楼。送医院检查，手腕粉碎性骨折，大腿骨撞裂移位。医生为他揑合，痛得他满头大汗，还问医生："骨头碎成多少块？"

俗话说："伤筋动骨一百天"，可他两个月就愈合出院了。没过多久，他在承德写剧本，又被送进医院——又摔了一跤，断了四根肋条。还是不到百天，就拄着拐杖出院了，还告诉我："这拐杖真顶用，上了车，人家一看就让座。"

他住院的时候，我和谢添去看他。他一见我来，就从床头柜深处摸出一瓶"五粮液"，还有一瓶炒花生米："来来，好酒，咱喝！"我说："你近来血压高，大夫不让喝。""没事！降啦，不高。"邻床一位小伙子笑了："前几天还高压二百多呢！"他涨红脸争辩："就那么一回！"谁也没拦住，他喝了一大口。

为劝他戒酒，夫人操不少心。他终于受了感动，发誓不喝白酒了。果然有一两个月没见他喝。但好景不长，慢慢地先喝几滴，再喝半杯，不久就又恢复了原状。他是这样向夫人要求的："平时绝对不喝。可有些例外：高兴时候，喝点助兴；烦闷时候，喝点解愁；阴天下雨，喝酒祛湿气；节日里大家都喝；假日喝了好休息；亲友来喝酒，主人得奉陪……"夫人听了点点头，还不放心地问："你能办到吗？"

我和他是画友，也是酒友。我们合作，一向是完工后就摆出酒来。我酒量有限，他是不醉不休，每回都得从他手里把酒瓶抢下来。他还有诗友、文友、影友、棋友、老战友。家里不断来客人,他总是来者不拒的,而且越忙越高兴,亲自下厨,笑起来声震屋瓦——如果有瓦的话。再高兴就给人测字,说得个个直眉傻眼,信以为真。

夫人是"爱猫协会主任",养过一头多产的白雪公主,从此他画猫。他画的猫千姿百态,有的怒目挺胸,有的懒睡,有的张嘴打哈欠,有的醉得四脚朝天……他说,不管怎么画,都能镇宅,往墙上一挂,屋里没耗子。

有人对他说:"你戒了酒,准能活一百二十岁。"他笑了,说:"活太长没意思,有我老师那个岁数就够啦。"他老师是齐白石,磕过头,可没上过几次课。

认识侯宝林

这些年来，我好像成了侯宝林的秘书。北京的几个电视台，以至外省的电视台，遇有关于这位相声大师的节目，就会找我来说几句。虽然我也写过相声，只是个爱好者，但和侯宝林是有三十多年的交往。在一次，也许是首次的全国相声创作会议中，我应邀参加。在多次的全国相声竞赛中，我担任过评委。早年连姜昆在表演竞赛中，也是我在台下给他打分数，但这都少不了侯宝林的推荐。

我从上初中时就爱听相声，有空就跑去市场观赏相声艺人的表演。那时常看著名艺人张杰尧（外号叫张傻子）、高德明、绪得贵、汤金澄（外号叫汤瞎子，近视）和朱阔泉（很胖，外号大面包）的演出，朱先生是侯宝林的师傅。那时候侯宝林未出师，没见过。

新中国建立后，相声面临整旧创新的严重问题。相声艺人们都在做这种十分艰苦的工作。在一次海战中，我方击沉国民党军舰"太平号"，我想到一个有趣的"点子"，写信告诉侯宝林，供他为新相声创作参考，由此我们相识，此后不断来往。常在一起的还有电影导演谢添和与我合画漫画的老友钟灵。在五十年代六十年代之交的三年经济困难期间，食品匮乏，伙食欠佳。他是政协委员，政协有的聚会备有佳肴，他把我和老伴陈今言也带去"打牙祭"。我们都爱以酒助兴，有时在我家，

笑话不可小看，对于文学艺术创作更加明显，尤其是笑的艺术。相声其实就是笑话。喜剧也算笑话，漫画同样是笑话，形式不同而已。所以，不善于编笑话，就难编写相声，难编写喜剧，难编排漫画艺术情节，特别是连环画和幽默画。

一九七七年我和侯宝林

有时在侯家，有时在中央乐团老团长李凌家。因均属同道，在一起也各谈些艺术之见。侯宝林对理论问题尤为热衷。他虽然只上过三个月小学，自己补习却十分用功。他向我说过，他是在"新中国成立后才扫的盲"。有一次向我讲过《优语录》中的故事，后来我看这部早年出版的书，是用古文写的。有一次向我提出一个问题，说有些青年相声演员不大懂幽默，不会使"包袱"——即相声术语"笑料"。问幽默到底是什么。我也不清楚，于是约好在我家谈了一上午，不得要领。他说：我们是"搞幽默艺术"的，应该懂得什么是幽默。这才使我下决心去研究这个问题。看了许多资料，在一九八二年或一九八三年，联系自己的创作实践，我写了一篇几万字的论文。向杂志投稿时出了点麻烦。一九九九年，邵燕祥出版的一本《旧信重温》中录了我写给他的几封信，其中一封提到这件事。信略长，节录一段于下：

……文章写了六稿，共写了十几万字，最后才修改

一九八二年在侯宝林位于钱串胡同的家里

完毕。写完给钟灵,谢添、侯宝林、王若水看过,接受了他们的修改意见。《文艺研究》说太长,要我大删。侯宝林听了很生气,说:"一个字也不能删!"还说,这类文章谁敢写!他们懂得幽默吗?我也坚持不删……

  侯宝林对从艺术实践中研究理解的道理是深信的,也很慎重。他会同两位教授合写过几部有学术价值的书,如《曲艺概论》,其中有不少重要观点是他的,他几次向我提及。对语言他有深入的研究,我看过他有关论述,否则北京大学不可能聘他担任语言学兼职教授。有一次我问他漫画和相声的关系如何,他略一思索,说:"漫画是无声的相声,是平面的相声;相声是有声的漫画,是立体的漫画。"这话说得精练,也在理。《人民日报》派我来采访,问他的艺术经历。事后我按照当时录音写出,编辑略事删节,就是一篇很通顺的文章。我仔细研究过他写的相声和整理传统相声的本子,给我的印象是很难改动他一个字。但在表演时,他会自己改一改。我想研究侯宝林的艺术方法,了解他是如何把一些格调不高的传统相声段子整理加工成为焕然一新的高级艺术品。约好每天上午去他家谈。从一九九〇年十月二十九日开始,我带了他的相声表演录音带和两个录音机,请他讲。录了八天后,我因事去了深圳。一九九一年回到北京,才知道侯宝林患胃癌住进医院,直到一九九三年二月四日不幸去世!这工作被中断。原想与他合作,也得他同意,在一起研究幽默理论问题,现在只好自己单干了。他去世没几天,于二月十二日,"美国之音"记者从华盛顿打电话来,要我谈侯宝林的艺术,我谈了,他也录音播放了。侯宝林的艺术在国外影响是很深的。我家离侯家不近,两人也都很忙,我去他家次数不算很多,但去时常遇到来访他的外国客

方成世纪人生

人。我见过的有日本人、加拿大人和印度人,每次所见人数都不止一两位。因和他来往多些,两家子女也熟识。我家孩子喊他"侯伯伯",侯耀文、石富宽从艺三十周年(记得如此)庆祝会,我是特邀宾客。他女儿侯珍和我常来往,喊"方伯伯"。报社曾约侯宝林以大庆油田的事为题,写一段相声,他建议与我合写,写成《没有开完的会》。因为常参加相声界的活动,熟识不少人。老艺术家马三立生病住院,侯宝林和我一道上天津去看望马老。姜昆出书,总要我画插图的。那年侯宝林携相声艺术团赴香港表演,排演时我被邀去观看。侯宝林去世后,我参加他们的活动少多了。

他曾深有所感地向我说:"没有新中国,就没有我(现在的)侯宝林。"他尤其感激毛泽东主席对他的厚恩——指名推荐他任全国人大代表。在旧社会,相声艺人处于社会底层地位,如今翻了身,使他得到学习和工作的优厚条件。他得到许多大学者如罗常培、老舍和吴晓铃等先生的不少帮助,在相声整改和创新工作中,能得心应手。还有令人感激的是,毛泽东为侯宝林的相声表演录像,使这位大师前无古人的表演技法保留下来,否则我们将与这十分珍贵的传统文化遗产失之交臂,再也见不到了!

我认识侯宝林,因此说过,也在文章里提过:在现代世界上杰出的幽默表演艺术家之中,在卓别林之后,首屈一指的就是中国的幽默艺术家侯宝林了。

我画侯宝林

和侯宝林的交往

　　从上世纪五十年代后期到一九九三年春，我和侯宝林交往三十多年，可并不是经常会面的。我家在天桥附近的永安路时，他家已迁到后海钱串胡同，相距二三十公里。平时他忙我也忙，连假日都难得外出。在三年经济困难时期（一九五九年至一九六一年），食品供应紧张时，他曾约我和陈今言到政协礼堂吃过一次饭。那时高级干部有点特殊供应，如油、糖之类，但很少，粮食每人都有定量，显然不足。副食也紧张，我曾在垃圾箱里拾过白菜根。点心很贵，带油的称"高级点心"，平时不容易买的。在政协礼堂那次聚会，见到周恩来总理和末代皇帝溥仪，今言怂恿我去和这位"小皇帝"说话，她在一旁看着觉得有趣。一九六六年夏，"文化大革命"开始不久，——那时《人民日报》还在王府井大街——我出报社，遇见侯宝林。他拉着我走进旁边的霞公府胡同，悄声问我，我也问他，他

一九八二年在侯宝林家

一九七九年侯宝林在我家

说，他的徒弟给他贴大字报呢。说几句就分开了，怕人瞧见。有一天，报社文艺部几个人聊天，有人说，"造反派"冲进侯宝林家，把他从屋里喊出来。侯宝林走出时，头上戴着一尺长的纸折成的高帽子，一出门，把这帽子拉一下，又高出一截来，帽子上写着他的名字，还用红色打个叉。"造反派"大吼："打倒'反动权威'侯宝林！"刚一喊，侯宝林就趴在院子里说："您甭打，我自己趴下啦！"这些奇特的举动把这群"造反派"逗得大笑，批斗不起来。大家听了这个故事都笑弯了腰，只有一位严肃地说一句："这是对革命的抗拒！"大家就不笑了。

"文革"之后我问过侯宝林，是不是真事。他笑着说："这是群众的创造。"在那无法无天的年代，谁还有兴趣找这麻烦呢！他倒是向我说过两件事，大概是在"文革"后期，"造反"气焰已显颓微的时候，他在"认罪"时讲过一句："我罪恶深重，直想发动第三次世界大战！"我没问他是在什么场合下说的这句话。另一次他向我说，在体育场批斗周扬、田汉、阳翰笙、夏衍的时候，他也和他们一同被揪到体育场。他心里想，能和这些高级官员一道挨斗，这种场合难遇。可后来，斗完那几位之后，他正等着喊他名字，斗争会就结束了，没斗他，他说："嘿，我白等啦！"

他迁居到木樨地二十四号楼，条件比在钱串胡同好多了。在钱串胡同他住的几间南房，不见阳光。李滨声和我都为此写过文章，我还在《人民日报》的"内参"上写过，那是给中央领导人看的文件。"文革"后他在东四头条买了一个小院，准备组织成立个研究相声的幽默小组。我们约好一同研究相声的幽默时，我每天上午去找他，就是在这个小院里。这个小院离我宿舍较近。一天我去时，见院子里一个平箩上摊开晾着米，米上有许多黑色的米虫。我说："这米里长虫儿啦。"他说："这是我们家养的。"把我逗笑了。

有一天我到他家时，见他正在宣纸上写大字。我知道许多人向他求"墨宝"，他总得要写的。我们一边谈着，等他写完，钤上名章，再钤闲章。一看他这闲章"一户侯"，这真是幽默家的大手笔。李白写的"不用身为万户侯"，这"侯"是高贵的爵位，治理一万户百姓人家，而他只是姓"侯"，只是一户。这正是幽默的奇巧艺术技法，我看了笑起来。接着我们又谈了一会儿，他原来只穿件背心，光着膀子，这时他站起来走进里屋，加上一件衬衣走出来。我说："今天有点凉吧？得穿上衬衣。"他说："不是，客人来了，不穿上衣服不礼貌。"把我也逗乐了。

一次，我和侯宝林应范曾之邀，和丁玲、陈明、楼适夷、

左起：方成、田泵、侯宝林、丁聪、钟灵（一九七九年秋天）。

张仃、郭兰英、文怀沙等同去南通,返回时我和侯宝林两人先到南京。在南京我们同乘一辆车走在街上,司机犯规,被交通警拦住。司机走出车外,和警察说了一会儿,没放行。我们急着去赴会,他只得走出来和警察打招呼。那警察一见是他,就说:"啊,是侯宝林同志,您上车吧。"立即放行。

接着我们同去上海,住在宾馆里。那是夏天,见屋内墙上有个蚊子。我走过去拍,没拍着,蚊子飞了。宝林说:"你打法不对,瞧我的。"等那蚊子又停在墙上。他走过去,一按就把那蚊子按住了。我看屋顶上还有一个蚊子,我说:"这回瞧你的。"他从洗手间拿出块毛巾,对准那蚊子扔上去,把蚊子打掉地上，用脚一踩。他做事就是肯动脑筋，在生活细节上都看得很仔细的。也好问，因此他常识很丰富。我在他家，见他也收藏些字画和木器家具，谈起瓷器、古钱币都能说出些这方面知识来。打扑克他也精，我和钟灵和他一块儿玩过，总赢不了他。他朋友多，曾定期约过一些人在一起说笑话，他想从笑话里找些资料用在创作上，我们称之为"笑话会"。在会上我听过李德伦讲前苏联笑话。他创作的《醉酒》，说是从王昆说的笑话里编出来的。这笑话我听钟灵说过，是在匈牙利听来的。我带王若水和江帆参加过笑话会。凡是全国性的相声表演竞赛，我都被聘为评选委员，想必少不了他的推荐。在青岛举行的一次竞赛中，我和他坐一起。看到师胜杰的表演，我们都表示赞赏。后来听说他又收新徒，我估计是师胜杰，果然是他。那时我们两人都住在黄海饭店最高的第十九层，他乘电梯上去，我是自己走上去的，那时我六十多岁了，体质较好。我很少画速写人像，可画侯宝林的最多，不止十幅。也许因为在一起时间多，闲谈时画，再加上出版物需要的缘故。

人生一乐

俗话说："物以类聚，人以群分。"我早年的朋友，大都是科技界的。自从事文艺事业之后，来往经常的，多是漫画和杂文方面的朋友，而私交深的，最早是与我合作漫画多年已成通家之好的钟灵。不知是否老天有意安排，在武汉大学与我合做化学实验的，也名叫钟灵，但他姓毛，不姓钟。现在的钟灵是在毛主席身边工作过的老八路。上世纪五十年代末期，我也写相声，由此和侯宝林相识。他热衷于研究幽默理论，我们就更加亲近，因此也和钟灵在一起。因三人都嗜杯中物，加上钟家邻居大导演谢添，和我是广东同乡，又是我所敬仰的仁厚君子，比我大四岁的老哥，都是一时间我家常客。最理想的聚会之所，是在音乐界前辈，又是图案设计爱好者的李凌老兄家。每逢春节，他就来约，品尝李夫人高级的四川美味。我们四人都骑自行车去。后来侯、谢二位表演名家，一到春节，因各方邀请走不脱，只剩我和钟灵两人。现在他又陷身轮椅，出行不得。每到春节前，接李府电话的只我一人了。前些年我还和谢、钟二位在李府相聚过一次。如

一九八二年在侯宝林家

今谢公年迈，连出门都难了。在李府我们都留有难得的纪念物。我们初来时，都在他珍存的小卡片上留下"墨宝"，在他录音带上也留下言声：钟灵的陕北民歌，谢添的粤剧唱"野草闲花"，可能也留存下来了。我的呢？忘了。如今每逢春节初四，和我在李家常聚的，都是音乐界的名家了。

人都喜欢和相声界的人聚会，谁都知道他们富幽默感，在一起有乐子。人以为侯宝林爱说笑话，其实他平常却不随便说话的，只有朋友在一起时他有长篇大论。有一次，谢添、侯宝林和钟灵在我家，喝着酒闲谈。吃饭时，钟灵说起他发胖的事。我说"你少吃点啊。"他说："那没用，我喝水也胖。"这时侯宝林冷不丁地来一句："这玩艺儿好养活。"逗得我差点把一口饭吐了出来。

钟灵多才多艺，他说他是美协会员、杂技协会、书法协会、电影美术协会……都是会员。正说着，谢添插一句："还是破除迷信协会会员呢。"又把大家逗乐了。这个生造的"破除迷信协会"按例简称"破协",与"破鞋"谐音,那是称一种不正经女人的外号。

人民日报社记者王景仁要我陪他去侯家拍照。拍完,我们辞行。走到门口,宝林冲我招呼道:"你先等一会儿,有点事。"把我留下了。问他有什么事,他悄声说:"今儿个有个好菜。"于是坐下来,侯夫人摆好几碟小菜,斟上酒。过一会儿,从厨房端出一盘热腾腾的咖喱鸡来。他说:"我们是用活鸡做的,这才好吃。你尝尝——味道不错吧?"我尝了一块,连声说好。等侯夫人又端菜出来时,我就向她说:"罐头咖喱鸡我买来做过,多加点土豆就是一大盘,省事,也好吃。"她指着桌上那盘说:"这就是罐头的。"我看了侯宝林一眼,说:"你不是说活鸡做的吗?"他面不改色道:"它原来是活的。"

钟灵可说嗜酒如命,能喝,但酒量有限。一九七七年,今言不幸去世。我伤心至极,夜不成寐,晚间靠喝酒能睡一会儿。到春节时,不记得是初一或初二,我起床后闷坐。听得有人敲门,一看是钟灵、丁聪、侯宝林、戴浩、白景晟;不久,狄源沧、韩羽也陆续来了,手里都带着酒菜,小屋里热闹起来,记得还有徐进。我忙着和孩子们安好桌椅,向邻居借了几个凳子。我心情开朗了,饮酒划拳。侯宝林有事先走了。钟喝得大醉,昏迷不醒。我们几人把他抱到床上躺下,再找出个小凳子使他双手抱住,上面放个酒瓶。因为有一次他喝得醉醺醺地来到我家,没进门就靠墙坐在门口地下。保姆

左起:醉钟灵、戴浩、方成、丁聪、韩羽(一九七八年春节)。

搬出个小凳子请他坐,他却把凳子抱在怀中,依然坐在地上。他平时常吹嘘好酒量,可这天他喝得不多,就倒下了。为此我们几人在旁,作向遗体告别状,请狄源沧拍照,留下他喝酒不多的醉态。事后把这张照片送到他家,给马利夫人看,向他取笑。钟灵终于因酒成疾,现在烟酒已经被禁了。

以前历次全国相声竞赛,我都被邀任评选委员,和相声界许多艺术家相识。和姜昆交往多,大约是在七十年代末或八十年代初,他邀请住在团结湖一带的王景愚夫妇、范曾夫妇和我们夫妇到他家吃饭,因为有人送他价值一百二十元的洋酒,请我们去品尝。一九九五年,我在炎黄艺术馆举行漫画展,他来为我拍录像,还设宴贺我七十七岁诞辰。近些年来,每逢我生日,都有朋友为我贺寿。一九九七年和

一九八三年众友人济济一堂。左起前排:杨宪益;二排:沈峻、戴乃迭;三排:黄苗子、丁聪、姜德明;四排:方成、白杰明(澳)。

一九九八年，按旧历和阳历过八十大寿，贺寿人更多，两年中次数不止这两次。我在友谊中享受温情，深深感到这是人生一大乐事。每到广州，我一定去看望漫画前辈廖冰兄，我对他的评语一句话："见了他，不敢做坏事。"到南京，首先想到的是高马得、陈汝勤夫妇，到他们家有宾至如归之感。现在因为写杂文，还不时为杂文画插图，又有许多杂文界的朋友，漫画界自然不少。我常应邀赴外地，总会受各界朋友热情接待，从中享受到友情的温暖。

韩羽和阿达

记得是十年前的一天，阿达从上海来，约好我们俩一同到保定去访韩羽。韩羽那时在那里的河北工艺美术学校任教。两人下车从火车站出来，问清学校所在的五四西路的方向，走不多时，就见到"五四中路"的路牌。凭经验知道，由此往西就是五四西路了。走了一大段，就觉不对，前面显然是郊区，看不到一点学校的踪迹。经路人指点向东，这才知道我们走错了，只得回头到东边找西路去。找到韩羽家时，我们已经在盛夏阳光下走了两个多小时，汗流浃背，为这事三人还笑了好半天。

阿达和韩羽是动画艺术中最相得的伙伴。阿达是上海美术电影制片厂的动画导演，了不起的一位好导演；韩羽是动画片的人物艺术造型设计家，一位了不起的好艺术设计家。但很不幸，阿达英年早逝，从此恐怕很难再见到像《三个和尚》那样出色的幽默艺术品了。我一直怀念阿达。

说到韩羽，人知道他是出了名的画家。他是漫画家，又不仅是漫画家。他画的舞台上的人物，看那神情，就是窦尔敦、鲁智深、关羽……都像极了，但和在舞台上看见的全不一样。虽然这些角色都是从舞台上看了才画出来，可他画他的。他的，自然就和别人的不同。他用的是我国传统绘画写意传神之笔，营造别出一式之形。没见过他的人，会以为这样的画家是现代式的，长发披肩，西其服、革其履的摩登人物，可见了他，怎

在韩羽家

么看都像个乡下老农,刚进城里来的。

实际上他也真是一身乡土气,带着山东老农的朴质和认真。我看他锁自行车,锁上之后,还使劲掰几下,证明不用钥匙休想掰得开,这才放心;每回都一样,照此办理。常见他工作时,饿了就啃随身带的冷馒头,就着咸菜什么的,一口口吃着,当一顿饭,也不挑地方。他出差,也和乡下人一样,提个小包就走。我见过他的小包里连换洗衣服也没有,他没想到。现在当然好多了,有个能干的老伴管着呢。这位老伴,当年还只是他的对象时,一出差他就带着她到处走。一位朋友知道了,称之为"土法上马"啦。

他确实"土"得可笑,但又不能不佩服他。二十年前,我和他一道参加一个漫画家访问团回访日本漫画家,游览几个地方,住在各地的宾馆里。有几家宾馆脸盆上的水管开关样式不同,我没见过,他也没见过,用时须摸索一下怎样开才出水。可他全不会,洗脸时就要我来帮他把水放出来。从一个宾馆换

208

到另一个宾馆，洗脸时，他一句话把我逗乐了："刚学会，又变了！"一位日本漫画家为庆自己多年来的创作成绩，在一家豪华饭店举行盛大酒会，也邀请我们参加。酒会很考究，来宾看来不止一百人。服务小姐是特请来的，二十岁上下，都穿着透明纱，看着和"一点式"全裸一样，我们没见过。他附耳悄声向我说一句话，也把我逗乐了："俺想看，又不敢看！"其实我和他一样，只是不肯说出，他说出了。走在街上，我们两人总在一起，走到哪里，他像孩子似的，老揪着我的衣服不放。他说："你会说两句英文，能问路，俺走丢了可回不去啦！"回到北京，报纸编辑约我写访日见闻，我费了好大劲，凭记忆写了两篇很一般的文章应命。没过多久，从报上看到他写了不少很生动的游记，将各地风情以及和日本漫画家的交往活动写得很详尽，使我惭愧至极！

　　他先是在文化馆工作。河北工艺美术学校聘他任教师时，他犹豫不决，怕的是教学会妨碍他画画，曾和我提过。我是老脑筋，认为教师社会地位比文化馆员高，就劝他就职去，他终于去了，担任水粉画教师。原以为他没学过什么美术课，没学过水粉画法，工作会很吃力。没想到他干得很顺利，常带着一群学生到处写生，师法自然，居然把学生"镇"住了，连许多教师也服了他。后来河北美术出版社聘他任总编辑，他上任没多少天就决心辞职了，因为那种工作妨碍他画画。听说有一天，社里同志集体外出参加什么活动。一辆专供领导使用的小轿车在门口等他，却不见他来上车，原来他早已和大群同事挤进大车里去了。他没当过什么领导，不知道当领导是有特殊待遇的。他迷上了画画，不是当领导的材料。他在河北省书画界中声誉高，被选任河北美协分会的名誉主席。那时他才五六十岁，我知道他准不肯当主席的，当主席也是领导，难免会妨碍他画画。

> 　　世界上有两种珍宝，因为得来容易，人们便不觉其珍贵。一种珍宝是物质的，没它人活不了——那是空气；另一种是精神的，没它人活得不痛快——那就是笑了。

我和阿达

当名誉主席的没事，他干。

  他还不仅是位画家。他的杂文集曾获鲁迅文学奖，可没听谁说他是文学家，也没听说他是作家协会会员。他只是常写文章，写法别有风趣，和别人不同，他写他的。不知道他的人，会以为他受过多高等的学校教育，但他只有小学毕业文凭。除在小学之外，他没有老师。如果说有，那是在他家书架上——精装的、简装的、线装的都有，多着呢。看他的文章，又是文言，又是白话，有时从不知哪本简装或线装书里引出个故事，带出几句成语。有时把《水浒传》里的潘金莲和《复活》里的叶卡捷琳娜·玛丝洛娃编排在火车车厢里叙家常；有时从报纸一则新闻，引出陆容《菽园杂记》中的一个笑话，作讽刺性的评点。书架上那么多的书，他随时能顺手拈来，从中搬出一段用上。他的"老师"们像是老跟着他，随学随问的。

  他写的毛笔字也和别人的不同，他写他的。看他写的，横不像横，撇不像撇，没一点字帖上的规矩。在日本时，老漫画家横山隆一见了，立即拿出个平整的小木牌，专请他写寓所上的名字，钉在大门框上。我问过几位书法家，都说他书法好。我没正经临过帖，一向不敢写毛笔字。有人要我写，我总是推托，实不得已，推不掉，就写一首表明不会写字的打油诗应命。韩羽说：别怕，就照你的写法写吧，准行！我这才放胆用心写，居然大有改进。这也就是韩羽"你干你的，我干我的"原则了，果然有效。他的书法连书法家也称赞，可没听说他是什么书法家协会会员。他只想干他的活儿，别的事估计他想不到。

韩羽和阿达

《本性难移》

提到阿达，我早就想写篇怀念他的文章，但觉难写，因为和他虽也熟识，却很少见，缺深交。这样的朋友我不止有一位，属于"一见钟情"式的，有倾慕之心，而无深交条件。他原名叫徐景达，住在上海，我住在北京，都是因工作关系才会面的，这关系又属偶然。相见时互通心曲，又多谈艺术。我知道他是游泳健儿，体质好，性情开朗，思路宽，富于创造性思维，英文水平不低，还倾心音乐，是毕业于北京电影学院的专职人员。记得一次他是在南斯拉夫访问时，曾帮助几个青年创作

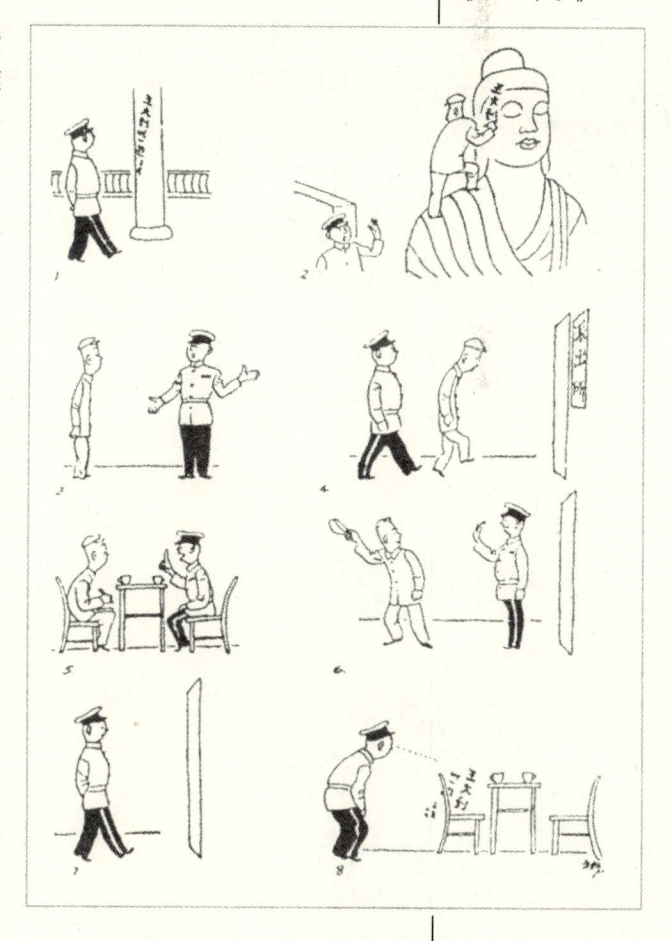

出一部动画短片，只用不到一个月时间。他和我讲过他拟议中的一部用数码或字形编写的有趣的动画短片，这种设想奇巧动人，大出我意外。我看过《三个和尚》的剧本，我想，按照这剧本原文，除了他，如今谁也导演不出一部这么生动的幽默动画片来。我曾想过，再几十年也出现不了像他这样杰出的动画艺术家。像他这种人才，和侯宝林一样，不是依靠人工就能随意培养出来的，他们有特殊的个人条件。可惜的是，这样难得的人才，因缺乏必要的保护条件意外丧失掉，不能不使人大为惋惜！我知道他工作很繁忙，也很累，和他所受的社会待遇是不大相称的。

　　发展社会主义事业，亟需各种人才，人才真难得啊！

探亲记

可说是"探亲",也可说是访友。去年,横山隆一为团长的日本漫画家代表团来我国访问。礼尚往来,今年,中国漫画家代表团应邀去日本回访。正要动身时收到日本朋友寄来一张《朝日新闻》,它报道了我们将访日的消息。这使我们在启程前已感受到友谊的温暖。

在日本十一天,访问了七个城市,日程表排得满满的。要说是走马看花,一点不差。但这友谊之花,太美了!因此回到北京时,我感到恍如做了一场美梦。当然这不是梦,但确实美得很。漫画家到底是艺术里手,一切安排得既充实又富于色彩,使人回味无穷。

一九八〇年在日本和漫画家手塚治虫。日本朋友说我们两人长得很像,拉我们合影。

在东京,我们还应邀参加了著名漫画家石森章太郎创作二十五周年的庆祝盛会,和来日本的三位美国漫画家一起,举行三国漫画恳谈会。在京都参观设有漫画系的精华大学时,适逢学校的纪念日,有幸观看了师生的美术作品展览。回想此行所见所闻,不仅了解了许多与漫画有关的事物,也接触到许多日本民族文化和日常生活,欣赏了日本山河美景,感受到日本人民心中对我国的友好情谊。

日本漫画家对中国同行的友谊,不仅洋溢在欢迎会、座谈

一九八一年在日本。自左至右：漫画家小岛功、首相铃木善幸、方成、江有生。

会和宴会上，也倾泻在其他一切场合。一天晚上，在小岛功家做客，那是日本式的家宴。日本人很讲究礼仪，然而并不使我们感到拘束。酒过三巡，谈笑间，赤塚不二夫溜进内室，画了个大花脸，舞着长袖（两条白巾）咿咿啊啊地学着京戏边唱边走出来。这既流露出漫画家活跃的本色，更表现了对中国朋友的亲情。就这样，在不知不觉间使早先腼腆的客人变成兄弟和亲戚。到了镰仓，老漫画家横山隆一把我们接到他家里去住。酒席从黄昏一直摆到深夜，如同过年，直到我们支持不住自去睡下。醒来吃过早点，这位白发苍苍的主人又领着我们看他的画室、他的作品。接着，还把他的"宝贝"都抖搂出来，让我们看他收藏的大量玩具、烟斗、奇形怪状的打火机、各种照相机……有人说，漫画家的性格和儿童最相近，日本漫画家表现得尤其鲜明。听说他们多半是画儿童漫画的，因此绝非偶然。

中日两国人民之间有着悠久的亲如手足的特殊感情，这是毫不奇怪的。在美术馆和博物馆里看到的日本艺术品和古文物，在商店里看到的玩具、日用品，在农村看到的房舍……处处都感到和我们有血缘关系似的，连庙宇里的神像也活像我国庙里神像的表亲。我们看过日本画家作的《水浒传》人物漫画插图，看过佐川美代太郎教授画的以我国汉代故事为背景的连环漫画，看过著名女漫画家上田俊子画的以我国少女为主角的连环漫画，也欣赏了一路上给我们拍照的漫画家玉地俊雄用中国篆字刻的一手好印章；在宴席上，我们欣赏过日本译员藤井彰治先生用日语朗诵李白《山中问答》的诗句。正如日本人民深爱中国文化那样，我们也深爱日本文化。确实，日本朋友谈到唐代以后中国美术对日本的深远影响，我们也谈到了许多中国画家受日本画风的熏陶。我国漫画早就受影响于日本漫画，"漫画"一词就是从日本转借来的。总之，中日两国之间多方面的交流互润，处处都使我们感到亲切。

十月二十七日是我们格外兴奋的日子。这天中午，在堀内光雄政务次官和日本漫画家协会理事长杉浦幸雄等几位朋友陪同下，我们驱车前往首相官邸。进入客厅，那里早已聚集了半屋子记者。挤过人群，便见左右各置一张小矮桌，上面摆好文房四宝。是的，日本朋友早已告诉我们，铃木善幸首相听说中国漫画家来了，高兴地要接见我们，还乐意接受漫画家为他画像。日本首相接受外国漫画家为他画像，这还是头一次见呢！我们坐下不久，首相兴致勃勃、满面笑容地来了。他热情地和中日漫画家一一握手，亲切交谈，并饶有风趣地对我们说："日本漫画家画了不少我的漫画，其中有使我高兴的，也有带讽刺意味的。"在轻松愉快的欢笑声中，杉浦幸雄对铃木首相说：

铃木善幸

方成世纪人生

1. 横山童心未泯
2. 小岛大有匠心
3. 玉地天真烂漫
4. 三野文质彬彬

一组关于日本友人的漫画

"有些场合我们失礼了,请原谅!"首相连忙说:"没关系!"这时,小岛功和我各据一桌动手画起来。首相工作非常繁忙,他抽出宝贵的时间接见我们,还高兴地接受我们画像,这使我们感到分外亲切。这是使人难忘的一刻。我们怀着兴奋的心情挥笔作画,顷刻而就。当两国漫画家一起把画送给首相时,他很高兴地说:"这是很好的纪念。"然后和我们一起照相留念。这事立即成为日本报纸和电视台上令人兴奋的新闻。

漫画,在日本有着广泛影响。在街上,漫画到处可见。广告自不必说,每天电视里都有漫画广告,商店门口还有各种立体漫画人物,书亭挂满各种漫画书刊。在《小学馆》里看到的更多。这家出版社发行的以儿童为主要对象的各种图书,其中很多是漫画。报纸大多每天都有漫画(政治讽刺画和连环漫画等）。有的漫画家经常在工厂辅导工人的漫画创作。漫画家常常参加各种社会活动，关心群众。在东京最繁华的街道银座，我们在一家书店楼下看到了漫画家们正在给人画像，为车祸遇难者的遗孤募捐。我还听说，为批评社会上的不良风气，漫画家们曾结队游行，以漫画手法作活报剧式的表演，引起人们的注意。日本漫画家们这种有意义的活动，给我们留下了深刻的印象。

和日本漫画家交谈中，他们经常表露出对中日友好与和平的良好愿望，这是日本人民的普遍心愿。这次短暂的访问，还使我们深深体会到，日本朋友具有高超的艺术水平。如果把中日友谊比作花束，他们以其插花的技艺，使这束花显得更加妩媚，放出灿烂的光彩。

偶然得来

近些年来，我居然画起水墨漫画了。朋友评说时，联想到齐白石的衰年变法。其实，也和我改行画漫画一样，纯属偶然。

这得从头说起。一九八〇年或略早些，日本漫画家代表团来访。同行欢聚，他们一时兴起，作画相赠——画的是登上了长城之类。他们手勤，倚马可待。礼尚往来，而我向无当场立就的画才，此时画了什么，早已忘记，但困扰之情，使我难忘。为此须有准备，以应急需。我惯作讽刺画，当作赠礼是不行的。思之再三，想起画《水浒传》人物，因此书在日本也流行。水浒好汉中，李逵与鲁智深形象突出，一望而知。我幼时曾师从画师徐燕荪先生，学过几天，会画几笔。即去买宣纸毛笔画起来。在荣宝斋买纸时，朋友曾问我，画漫画何须成刀地买宣纸？四尺宣每刀百张，我没画过传统写意人物画，动手常出废品。一个人物画得像样，总要画数十以至上百次，所买的宣纸，至今早已不止三五刀了。

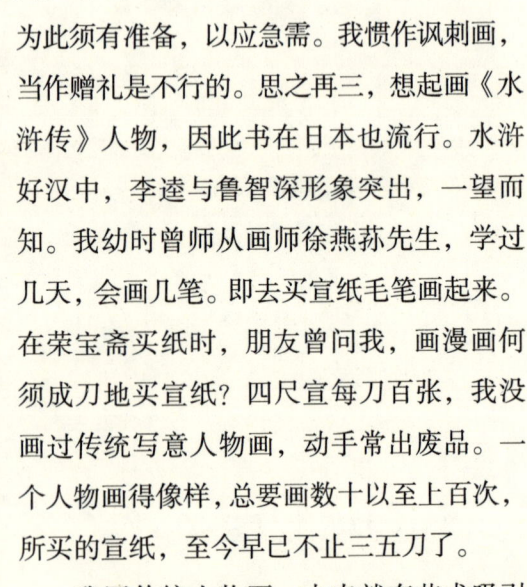

我国传统人物画，本来就有艺术吸引力，为大众所欣赏。画的又是众所周知的人物，即使画得还幼稚，许多人看了也喜欢，

常向我要，这对我会有鼓励，增添信心。画了几年，这两个人物的艺术造型和笔墨用法逐渐掌握好，谁来要，就照样画出来。画得多，就不需起草，动笔蘸墨就画，几个姿势已定型。这时，每个人物都画过几十次，那花和尚就画过至少也有百次之多。有一天，喜爱书画的邵社长光顾舍下，看我画的花和尚鲁智深也喜欢，我就送给他。他看了说：传统国画都有题诗题词，你题几句吧。我一想，此话有理。早知道漫画前辈廖冰兄善于此道，他常在画上填幽默的"西江月"，很有特色。于是按"长相思"照描画虎也填一阕改了韵的词：

由此得启发，为画李逵也题上打油诗：

> 从小没念书，
> 一个大老粗。
> 生来性子野，
> 大事不糊涂。

有了画题，画一个人物可以分别题上不同的诗或词，题材就多了，借一个人物可以表现很多不同内容。后来画传统人物画里的钟馗，借题发挥，内容充实多了。例如画钟馗提着灯笼夜巡，画上题的是：

> 世事浇漓很难说，
> 我画钟馗夜巡逻。
> 你想他是来捉鬼，
> 还是寻鬼讨酒喝？

如此画一个钟馗，就可以表现许多内容，都是漫画。例如画两个钟馗打架等等。

有一年，跟着老友李兆永去趟汕头和潮州。在汕头，和画

《两个钟馗打架》

院的画家们作艺术交流，互赠作品。我那时还不大会在画上题什么，画的也就是花和尚鲁智深和黑旋风李逵，也许题过最初想到的那两种题法。一位朋友要我画现代人物，我就被难住了。想了一阵，因为在汕头初次饮功夫茶，触动灵感，就画两个人对饮，画上题的是：

此间喝茶讲功夫，
大把茶叶塞满壶。
初尝味道有点苦，
苦尽甘来好舒服。

《神仙也有缺残》

这是我初次试作现代人物画，是一时逼出来的。从此之后，也画现代人物了。

在一九八〇年举行的"方成漫画展"中，已经试用过以传统人物画形式作漫画了。画过一幅八仙中的铁拐李，标题是《神仙也有缺残》，意为人无完人，不可强求。还画过一幅《娱亲图》，画的是古代传说的二十四孝中的老莱子扮小儿娱亲的故事，再也没想到画别的。后来不断地画这种漫画式的人物画，常是一时逼出来，属偶然促成的。但这偶然之中，就含有明显的必然性。首先是我学过传统人物画法，虽然只学过几天，也获益匪浅。更重要的是社会生活的变化。这种带漫画性质的国画，我国古时就有，但为数极少，极为罕见。我就见过清初扬州八怪中的黄慎所作《有钱能使鬼推磨》和一幅表现家庭负担之意的画，见过罗两峰画的《鬼趣图》。但那时世界上还没出现"漫画"这一特殊画种，没有专业的漫画家。现代的齐白石也画过讽刺旧社会官僚的《不倒翁》等，我见过两三幅。那时

《钟馗喝酒》

他未必知道有漫画，而是作为戏笔，有感而发的一种国画。早年这种画之所以罕见，是因为漫画具语言功能，这种画都有现实含义。在封建专制强压之下，人是不敢发表什么议论的，画成漫画，必须再思三思，内容须远避时事，不敢轻易动笔的。现在国家制度和早年大不相同，这就为这种画的出现创造了条件，否则漫画不可能广为流行，漫画家难以出现。

　　人生一世，总是不断地被种种偶然所左右，这也是一种向前或向后的推动力。所以，从现象看，许多事情好像是被动地做出来，是逼出来的，但其结果，也取决于各人对应的态度。有件事我感受很深：在抗美援朝战争初期，我画漫画十分吃力，一星期只能画出一两幅，有时甚至画不出。后来改上前夜班——从下午两点钟至午夜十二点。下午我除了组稿和处理来稿之外，是读报，包括外国新闻的《参考资料》。这时新华社不断发来新闻稿。到晚上九点钟，国际部开编前会，决定新闻版面，同时也决定漫画表现的主题。从这时起，我开始作画，十二点钟交稿，以便制版，和新闻同时见报。画稿送审如未通过，问清原因之后，我跑回办公室急忙改画，不改好不肯罢休。正因为这种坚持态度，才逐渐养成三个小时就能画出成品的能力。我写文章也常是应急写出。所以在一九八七年出版的一本杂文（杂样文章）集，取名《挤出集》，如非被挤着写，这本书是出不来的。

我的自行车

自行车，在广东叫单车。

为什么讲起自行车来呢？因为从我的自行车能大体了解我大半生的经历和当年的国情。现在我骑的这辆车，跟随我三十多年了，这是我的第三辆车。第一辆记得是一九三二年，我十四岁时我的二哥借我骑的，大约骑了不到一年。那辆车是日本造的，我们还造不出。那时我家住在西四牌楼附近，离西单牌楼近，常骑车去西单商场听张傻子、高德明他们说相声。离北海附近那图书馆也不远，有时骑车到里面的厕所拉大便，那里的厕所是西式的，比我家院里的厕所干净，也舒服得多。一九三三年我上高中，住宿舍，那三年我没骑车。一九三六年离开北京（那时叫北平）之后就没骑车了。

一九四九年我回到北京，开始自己买车了。在《新民报》，月薪三百斤小米，折合二十八万元，也就是币制改革后的二十八元。就用这二十八元买了一辆大梁已经碰弯了、倒蹬闸的旧车。晚上去灯市口那俄文夜校上课，下课后和同学钟灵一道骑车回报社，他替我画刊头。星期六骑车去他家，晚饭后一块儿合作漫画，第二天骑车回家，如此经历了大约四年之久。有时和法乃光骑车到处写生，还骑着出城，一路画，直到颐和园。存了车进园里去，从排云殿游泳走向龙王庙，再游回来，骑车回家。去侯宝林家，常和他一道骑车出门。由此知道他对

方成世纪人生

生活是处处留心的。每次出行,都由他带路。他对路很熟悉,知道去什么地方怎么走法最近,路最好走。这和钟灵正相反。钟灵骑车像个没头苍蝇,胡骑瞎走的,而且会闯祸。有一天,在王府井大街就把一个行人撞倒,赶紧下车把人扶起来,对面一看,原来是从重庆来的版画家李少言。为表歉意,请他到东安市场饭馆里吃一顿,饭费我们两人各付一半——那时还没"埋单"这个从广东传来的摩登词儿。五十年代末,我上前夜班。下午从在天桥一带的宿舍骑车到王府井大街进报社上班,晚上十二点多钟再骑车回家睡觉。夏天有时骑车去陶然亭附近游泳,冬天有时骑车去北海溜冰。今言也骑车上班。假日她不出门,只有回娘家和我一道骑车去。一九五八年,报社规定,编辑部的人轮流下乡从事农业劳动一年。我在组里是唯一的大学毕业生,是团结、教育、改造的头号对象,自然我排第一名,和两位会广东话的共八人到广东阳江县良垌村,我任副社长。那一年我没骑车。但路经广州住了几天,为便于认路,向人家借了一辆车,骑着去访友。一九六六年,"无产阶级文化大革命"政治运动发起。因我在一九五七年的第一篇国内题材的杂文《过堂》,讽刺教条主义,被指为"反党",被"造反英雄"揪出批斗。从"牛棚"放进"五七干校"监督劳动。我那辆车已经想不起是怎样失踪离我而去。一九七〇年,我们全家被赶出北京,在河南叶县刘店村落户,在干校继续劳动改造。一到假期,我趁机骑车外出放风,离干校越远越好。便带齐修车工具和气

一九七二年在河南叶县

224

筒，直奔公路。最远去到七十多里外的舞阳，最近骑到几十里外的平顶山。那辆车是拜托喜儿（男的）同志替我买的，价钱也是一个月工资之数，是天津产的二六加重红旗牌自行车。一九七二年，我家迁回北京，仍上干校。假日我放风骑车从昌平县骑到顺义县，再回家，又回干校。"文革"后期，我放回报社劳动，假日骑车外出拍照，练摄影的技术。"文革"之后，原和苗地约好，想骑车一道串胡同去。可惜至今未能实行。我从东三环路到西三环路拜访丁聪老兄，几次都是骑车去的，行程不止二十公里，估计可能有三十公里之遥。有人问我为何以自行车代步，不乘公共汽车和电车。平时我乘车总是占不到座位，到八十岁出头也得站在车上。我说，骑车有几大优点，我在文章里是写过的：一是不须候车，说走就走，说停就停，路线全由自己决定；二是不挤，上车就有座位；三是时间有保证，没有误点之说；四是空气阳光充足，于卫生有利……最后是锻炼了身体。

一九七三年在京顺路上

所以，我今年八十四岁多，仍在骑车。但再也不走远路，不是怕累，是怕人说。谁见了都劝我别骑车，免得被人碰伤。走远路难免出点事，一出事没人同情，还要指责两句："叫你别骑车，你还要骑，出了事吧！"何必呢！

其实，我骑车还有一个目的，是为节省时间。我的信箱在报社里托人代管，因为我常不在家，挂号邮件须有人代收，我几乎每天去取邮件。走去的话，来回一趟大约须用半个小时，骑车去几分钟就行了。也常去报社复印画和文章，去一趟更远，

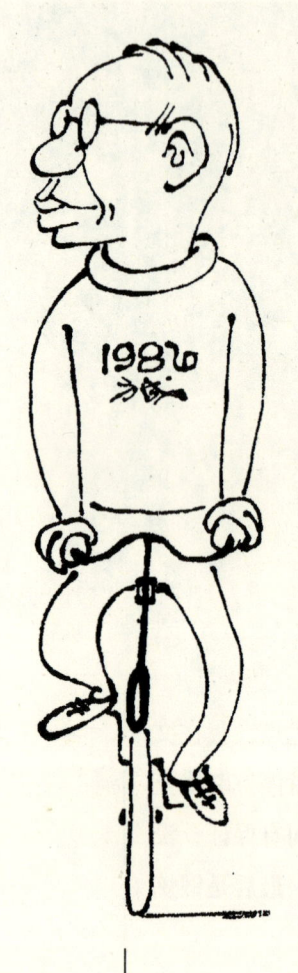

骑车更省时间。近二十年，我一直在研究幽默理论问题，已经写了七本出版，现在继续写下去，终日伏案。除此之外，还有不少书画工作，日夜都忙，总觉时间不够用，至今连电视都很少看，所以力求节省时间，少不得要骑这辆车了。也常去邮局寄挂号邮件和取稿费，步行来回须近一小时，骑车有二十分钟就差不多了。有一次出差一个月，回来骑车，持把感觉要用些力，骑惯了，没这感觉，因为用力习惯了。由此可知骑车对身体锻炼有好处，使我坚持下来。我知道老人最怕跌倒，骑的时候分外小心。"文化大革命"夺去了我十年时间，我想尽力省回来。

　　人看我这辆已逾而立之年的、又脏又破的车，劝我换一辆新的。现在逐渐落实对知识分子的政策，一个月工资可买好多辆车。但我不愿意，因为旧车不容易丢失。买来新车，不敢随便放。我现在的宿舍只有三十五平米使用面积，连宝贵的书都放在地上，更腾不出放车地方，还是骑旧车吧。

打　油

　　我在北京住了六十多年，现在想来，使我得到很多好处。首先是能操纯正的普通话，全国通行。汉语拼音是以普通话为标准的，因此我就能熟练地运用。北京老居民有幽默感，对学幽默有所启发。相声就是盛行在北京的。我上中学时，爱看北京出版的小报。上面不仅有滑稽的连环漫画，还有滑稽的快板、顺口溜之类的小品，以及有趣的文章。我之所以会写一些打油诗，就是得益于北京的文化环境。

　　打油诗的老祖宗姓张，唐代人，善写诗。他写的一首《雪诗》：

　　　江上一笼统，
　　　井上黑窟窿。
　　　黄狗身上白，
　　　白狗身上肿。

　　这诗用的是大白话，很滑稽有趣，幽默动人。因为作者名叫张打油，这种诗就统称打油诗了。有人写一种十七字的诗，最后一句不用五个字，只用两个，看来和打油诗相似，也可称是打油诗之一种。

　　上高中时，我写过打油诗，是十七字的。我曾看过传说中的打油十七字诗：一位犯人将发配去黑龙江，他舅父去送别。

> 幽默先是从语言来的，是经过加工的语言，可说是语言的艺术。

为此他想起作这种诗了：

> 发配黑龙江，
> 见舅如见娘。
> 两人同流泪，
> 三行。

原来他舅舅一只眼睛坏了，俗称独眼。

还有一个传说：一个人善作打油诗，犯了法，被捉上公堂。县官知道他善作打油诗，要他作一首，可以放他。正在这时有人向县官报喜，说县官太太生孩子了，是女孩。这犯人听了，就以此为题诌了一首：

> 老爷坐高堂，
> 太太生儿郎。
> 分开腿一看，
> 像娘。

这种滑稽有趣的诗我能记住。有的虽然格调低，却有趣。我在高中上学，学生食堂是包给厨师的，在学校厨房做，在食堂吃饭。学生入伙，先交一元钱，立个小折子，吃完记账。一到假期，在学校住宿的学生回家去住，很多还是外地人。厨师怕收不足饭费，一放假就守在校门口，向回家的学生讨还欠的账。为此我写了一首：

> 光阴如箭飞，
> 匆匆暑假放。
> 校门厨子守，
> 要账。

就说《济公传》吧，用文学价值来评是评不高的。可老百姓"记得住"，不仅这部书，连书里的"济公活佛"，都到处被老百姓供在庙里，占的地位比十八罗汉还显眼。

那时我十七八岁，喜欢看谐趣的作品。爱听笑话，自己也喜欢和人说笑。

在上世纪八十年代，我常在深圳住一两个月，和那里书画界的朋友交往，会在一起作画。有一次，我画的一张没画好，准备撕掉，被一位手快的姑娘抢去了，我没在意。过两天，她上我家来，要我在这幅画上签名盖章。老远跑来，难以拒绝。我想了个办法，在画上写了一首打油诗：

　　本来打算撕掉，

　　无奈小姐想要，

　　只好签字盖章，

　　看了请勿见笑。

写了之后，我再签名加盖图章。

有一天，单复老兄来电话，说他一位好友想请我写个条幅。我说："我没练过书法，写不好，免了吧！"他说：不管写得怎样，给他写吧。此情难却，只好写。我得申明我不是书法家，是凑数硬写的，于是又想起打油诗来，我在宣纸上写的是：

　　平时只顾作画，

　　不知勤习书法。

　　提笔重似千斤，

　　也来附庸风雅。

写好寄去。不久，他把这幅字送到报上发表，我还得了三十元稿费。

再一次，和几位画家应邀到宜昌。招待我们的主人要求我们作画，在大厅上摆好作画案子和笔墨用具。我不喜欢当众挥

著名京剧表演艺术家袁世海来我家（一九九八年）

毫，但看别人画了，我不好意思不画。在这种局面之下，实在画得不满意，又不愿重新画过。于是又想起打油来，就在画上题道：

> 作画亟需清静，
> 最怕当场挥毫，
> 了无心情细推敲，

写到这里，后面须有一行六个字，本想把这最后一句写成：

> 看了谁也别要。

但在这种场合，不便这样写，便写成：

> 看了请勿讪笑。

有一年夏天，几位同行应邀去吉林市的吉林化工厂。当地领导要求我们为九位劳模画像。我不善于为人画肖像，改成为每人画一幅人物画。这年夏天极热，我只能脱了衬衣，只穿背心光膀子作画。先画了一幅《水浒传》人物黑旋风李逵。画成着色时,因蘸水过多,衣服染的深灰色洇出衣线外成一灰色团,很不好看,作废了,打算撕掉。被同来的左川同志要去了,说他想留下,还要我在画上签名盖章。这时只能送他,又想起打油来,在画上题:

> 这幅没画好,
> 左川要去了。
> 看来也可笑,
> 李逵穿棉袄!

下面注明是在盛夏天气画的。

我想学作古诗,知道小朋友尽心写得很好,便向她请教。她写了一本速成的写诗方法给我,先教我运用平仄。前年她结婚,新郎姓高,我照此写了一首贺诗送去:

> 人人贺尽心,
> 慧眼识高卿。
> 正喜结连理,
> 天公系彩缨。
> 百年期敬爱,
> 各自诉衷情。
> 枕上悄声语,
> 平平仄仄平。

看来也有点打油的味儿。

打油

人常来问"养生之道"。我有两种说法:对澳大利亚漫画家帕·库克回答是:"第一,常运动;第二,如果想上吊,别找绳子,去找杯葡萄酒喝。"近些年回答是:"就一个字——忙!"

忙 啥

从一九八六年离职休养，至今十六年了。我可说一天也没想休过，因为想做的事一件接着一件，脱不开身。自从一九八〇年办第一次漫画展，开始用传统国画形式作漫画，接着为应付日本同行的信笔作画互赠而练起画国画人物，因练得多，人看了喜欢，想要，报纸刊物和一些活动的纪念日也常来要这种画，就得不时动笔相应。后来又写起杂文，来约稿的除了漫画之外，还约写文章。尤其使我更忙的，是研究幽默理论，书写出来，出版了，又发现许多需补充的论述，于是接连不断地写了，已经出版了七本书，还需再写，现在已经开始写第八本了。书一出来，总想着给一些师友们寄去请教。寄出都挂号，就须跑邮局。家里只有一个女孩帮我操持家务，她只做半天工，帮不了我的忙。常有朋友来电话，习惯上都问："你忙什么呢？"我总说："玩命哪！"我干起活来，别的事都顾不上，手不停，连吸烟都顾不上，已经从日吸二十支减到五支了。电视已经很久没有看了。离家不远有公园，我一次也没去游过。但是常应邀出差到各地，所以生活并不觉枯燥。因为报纸刊物多需杂文，常来约稿，约稿方式是请吃饭，一请就会有我在内。有时我们这些文界同行也自行聚餐。杂文和漫画都是评议作品，

一九九〇年春拜访钱锺书、杨绛先生。

忙啥

写出杂文的，常会想起要我配一幅插图。有一段时间，我的工作安排是上午干自己的，下午画插图。我所得稿费收入，多是画插图得来的，每幅最常见的是得几十元或百元，也有个别富裕的报刊给的稿费多些。朋友如来，两人在饭馆吃饭，有两幅插图费就够了，有时一幅就够。

还有一忙，就是接电话。报纸期刊约稿电话不断，接来都要说几句。还有一些小贩，是卖文房四宝的，他们好像都串通好了的。有安徽的、江西的、浙江的，都知道我的电话号码。还有写信来求画的，他们都自称是书画收藏家，信写得很客气。信来了，不知是来自什么人，有什么事，都必须拆开，拆开就不能不看，就得花些时间。一般我不理会，因为没那么多时间。有一次收到一位"收藏家"的信，还附上他所收藏作品的复印件。我一时有空，就写了几个字寄去，写的是"姜太公钓鱼，愿者上钩"。还有寄来空白信封的，要我在上面画上一点，签上名，还要求钤上图章。也有只求签名者。这样的信，几天就收一两封。我忙得家里什么都顾不上，哪里有空去写和画？写完画完，还要赔上信封和邮票寄还。这些天真的书画爱好者大概以为离退休的老人都在家休养，闲来无事，有条件满足他们

233

方成世纪人生

的要求。可是我真忙,忙得连和亲友写信都顾不上。如果我真是生活安闲无事,也颇喜欢和书画爱好者交往的,无奈办不到,只好向各位道歉了。其实我自己也喜欢向别人求墨宝,求得也不算少,所以对他们是颇感同情的。不同的是,我求来的书画作品自己不留,都捐出供大众欣赏了。

从事书画艺术的人,一般会有些社会活动要参加的。就在北京,这种活动常有。最普遍的是评选书画竞赛作品。我还被邀去评过杂文。十年前多次评过相声。有关相声和幽默艺术活动也曾参加过几次。最近一个月内就参加过两次评画的活动。

最近几年来,我全心投入写理论文章,漫画很少动手了。理论研究不断深入,催人探索,有所悟,就得记下来,还想用适当的方式去写,使读者便于阅读,引起兴趣。主要是引起书店老板的兴趣。从现在所知,书店老板最感兴趣的是歌星、影星和某些电视节目主持人的作品,因此有的出版社积极向他们约稿,给书店去发行。我写的书大都和幽默有关,我总以为读者是对幽默感兴趣的,但出版的这么多书,印数不多,许多书店里我就几乎没见过我的一本。我忙了这几十年,见不到明显的劳动成果。但是我还要继续忙下去。大概人想做什么事,上了瘾就没法脱身的。尤其是创造性的劳动,干起来很有趣。发明电灯的爱迪生就是发明得上了瘾的,一辈子干出上千件空前未有的成果来。

——我问过了。经理说,他不知道幽默是干什么用的,我们不进货。

从透支开始

有人会看手相，看手指间的缝能算定人会存钱或会花钱、存不住。我见过许多人的手指间看不见缝，再瞧我自己的，指间的缝可真大，隔着缝儿能看一大片，和拍照时看相机的窗眼那样。我是在抗日战争期间在后方四川从大学毕业的，在化工研究社工作。那时生活条件很艰苦，工资低。那时叫"薪水"，薪是烧饭用的柴火。好在是独身，收入够吃饭的。我不吸烟，有时喝点酒，瘾不大。业余之暇和几个年轻同事进茶馆喝茶聊天，吃点花生瓜子。几个年轻人自办伙食，厨师是社里的。有时自己做点面食，有时到外面买支羊腿自己来做熟，打打"牙祭"。钱不够花，社里允许暂借下月薪水，这叫"透支"。从一进研究社没几个月，我就开始透支了。可说一直透支近四年之久，没断过。

一九四六年，我辞职赴上海从事漫画工作，钱不够用时曾向朋友借过。因靠投稿维持生活，收入不稳定，有时穷得连乘电车都无钱买票，须长途步行。在被聘任《观察》周刊漫画版主编之后，才有固定收入，但不多，还须靠漫画稿费。曾当过几个月家庭教师，有点外快。一九四七年底避居香港时，开始住在舅父家，靠漫画稿费为生。曾向美国华莱士办的《新共和》报投稿，得二百美元，算是发财了，买了一块平生第一次戴的手表，租了一间小小的住房，画一套连环漫画《康伯》在《大

> 我发现这"文明"里面有学问。这学问说白了就是两个字"会想"。想什么呢？想的是在社会之中，干什么事在想到自己之外，会想到附近还有别人；想自己方便了，还会想到别人的方便；想到对自己有利，也会想是否对别人有利。

公报》上逐日连载，每件稿费八元，从此有了固定收入。那时我们乡下一位远亲在香港打工，每月工资一百二十元。连环漫画我画了几个月，还有一段时间是全靠投稿的稿费维持生活的。在九龙和端木蕻良、单复三人同住，伙食很简单，收入仅够吃饭。

一九四九年来北京，入《新民报》，工资以小米计算，得三百斤小米之数，相当于二十八万元，即币制改革后的二十八元。除伙食之外，有余款买烟吸，那时我已经学会吸烟了。因有点稿费收入，用这二十八元买了一辆大梁已碰弯了的自行车。

一九五一年调入《人民日报》，按行政级别被评为十三级，工资一百五十五元，可真开始阔起来了。那时在小饭馆吃饭，一碟红烧肉价值五角。在东安市场西餐馆，吃简单一份，一菜一汤价八角，两菜一汤丰富点的，每份一元七角。那时我画漫画投稿，稿费二十元，够我一个月伙食费。倘为《漫画》杂志画封面，稿费加倍以至再高些。画多幅连环漫画《美国兵在台湾》和《乔大叔》，稿费每件四十元，也许少些，记不清了。结婚之后，陈今言工资一百二十元，这时我们家就很阔气了。那时候我向外投稿不很多，因为报社工作忙，只有星期日才有时间作画向外投稿。那时我画得也慢，一星期一幅就差不多了。

一九八〇年我访问日本时，稿费已减到十五元一幅。后来稿费取消，我就不画了。但为时不久，稿费又恢复，只是减少了。

现在一幅漫画稿费更低。我投往《人民日报》《讽刺与幽默》的漫画稿费，有时一百五十元，有时一百元。那时一个人每月伙食费约需四百元。和五十年代每月二十元的伙食大致一样。美国杂志登过我的漫画，得稿费二百美元，折合人民币一千六百多元。有朋友来，请他上饭馆吃饭，大约需一百元。

今言在时，我们家曾买过一台九寸黑白电视机，记得那是很贵的。定居在香港的朋友阮治中来见了，说是太小。没过多久，他送来一台十二寸的黑白电视机。一九八〇年，我访问日本时，用得奖的日元买一台十四寸彩色电视机。那时要买，用一月的工资是不够的。一九九二年三月，我的工资加补贴，扣除十一元房租实得三百二十一元四角。那时我的月工资是二百四十三元。记得一九九三年，我的工资约五百元（加补贴，扣房租）。这时来我家做家务劳动的，替人卖服装的女子，她一月收入八百元，比我挣得多，她不识字。那时大学教授的工资还不如我多，也就四百多元。一九九五年一月，我的工资七百一十九元八角，加补贴、扣房租三十八元六角实得一千一百二十九元七角。到一九九九年二月，增至近二千元了。现在又增多了。记得一九六六年"文革"时，我的同行带人来抄家，把我家存折收去，一看只有两千元存款，这是当时我家存款总数，再也没有了。存折后来退回。现在我的工资加补贴，乘飞机去广东，买来回票刚够。

我二哥孙顺理，从开国时就任长春第一汽车制造厂副总工程师，曾任长春市副市长。大前年我去看望他时，他已退休多年，每月收入工资加补贴共一千一百元。他病重，收入不足，靠子媳养病直到去世。但他住的宿舍是楼上楼下，电灯电话加电视的，看了令我羡慕不已。

听说，大学教授月薪已提高很多，我还没去问过。去年到浙江桐乡市参加漫画家丰子恺的纪念活动，有娱乐表演，看到刘欢上台唱几支歌。我问，他这次来唱歌，报酬有多少？别人告诉我，是二十二万元。一般工人干一辈子能挣到几个二十二万元？能挣两个就是不错了。西方国家唱歌名家的收入很高，听说收的税也特高，以此补贴其他和用于公用事业。

相 对 说

> 对文艺作品的评选总有种种标准。老百姓是讲实际的，只用最有效的一种，就三个字——"记得住"。

爱因斯坦的《相对论》，是很高深的科学原理，看我这篇小文的读者恐怕是不会懂得的。我不是科学家，但我懂，所懂的和这位爱老的原理也不一路，我是从生活中看懂的。

我在感受上可能有点迟钝。小时候在家挨打，只觉疼，却不觉苦；准备考试日夜加强温习很吃力，也只觉累，不觉苦。上武汉大学时，因抗日战争，国土大片沦陷，学校只得迁到后方的四川乐山县。学生经济来源中断，只靠学校发的贷金吃上饭。菜里缺油少肉，衣服破了不会补，这才觉得苦了。到春节时，无家可归，袋里无钱，更感凄然。于是三五同学凑一起，按俗守岁，都把钱掏出，只能买得一斤白酒，一包花生米，几个当地盛产的广柑和地瓜（北方称凉薯），在宿舍里找个地方欢度佳节。饮酒猜拳，按例猜输了的喝酒。如今酒少人多，改为赢了的喝酒一小口，配花生米半颗。说说闹闹乐得开怀大笑，从夜里闹到天明。这欢乐情景是以前和以后的春节守岁时从未再遇过的，至今难忘。也许正因为是苦中作乐，其乐才感觉融融，弥足珍贵。

新中国建立后，知识分子面临思想改造问题。在报社美术组中，唯一的大学毕业生是我。一九五八年，按规定编辑须下放农村从事农业劳动一年。我当然排名第一，便和会说广东话的白原、周毅之共八人下放到广东阳江县。我和周毅之分配到良垌村,他任书记,我任副社长(高级社)。干的是农活,还领导农民用泥炭上沤农家肥,指挥农民个个去做手推车代替担挑,称为"车子化"。又奉县里领导人命令试种亩产二十万斤水稻田。毅之聪明,找一个大泥水潭,舀干了水,堆上大量农家肥,按县里发的书本去做。不消说,结果都白费物力人力,打了水漂。劳动很辛苦,吃饭每人一天吃一斤米,外加红薯,吃的是缺油素菜,一顿饭煮半斤米只顶得半饱。有一天,毅之去城里开会,把他的半斤米给了我。用这一斤米煮成一盆饭,这一顿才算是吃饱了,而且吃得很香。在"文化大革命"期间,我被扣上"漏网右派"和"反动文人"的"帽子"押送"牛棚",监督劳动。这种劳动不比平常,挑土时,压得我腿肚子抽筋,立时卧地上,然后站起,再挑起来。我属于强劳力。盖房子往房顶上一铲一铲地把泥甩上去,时称"苦背",每次都是我和其他三个强力的人去做。冬天打夯须用大力,天上下雪,我须脱光膀子干活。伙食照例是吃缺油素菜。平时吃大米白面,如今吃玉米窝头。早餐我吃三个大窝头和一两大碗玉米碴子稀饭。若以前正常吃顿饭,窝头我顶多能吃一个,且难下咽。后来出了"牛棚",有一次,放回家时,自己做饭。洗好米,加足水,上面放一块瘦肉和切好的白菜,撒上盐,蒸熟了吃起来,感到是从来没享受过的一次佳肴美餐。

那时我吸烟每天是一盒,吸的是四角钱一盒的"大前门"或"恒大"牌的。一九五八年在阳江农村,吸这种较高级的烟怕影响不好,买七分钱一包的,记是叫"跃进"牌的烟。开始很难闻,日久天长,也就凑合惯了。一到星期日,便想"打牙祭",买两角一盒的,不记得叫什么牌子的烟,吸一口,便觉味美无比,大口吞咽。一年后回北京,再吸"大前门",那两角钱的烟早已抛弃,再吸就不是味儿了。

我曾想过,倘若人民币比美金吃香,老百姓的腰包比欧美发达国家的人腰包鼓胀些,那时候香港以及世上各地华文报纸都会全用简体汉字,世界上服装店的模特儿,头发也会改成黑色了。这正合乎那句俗话:"谁有钱,谁说话(算数)。"

"多功能厅"——
我的工作台面

  从一九八六年离职休养后，因不断作画，写杂文，写评论和艺术理论文章，社会活动不断，经常因公外出各地。接待是高级的，住宾馆，吃酒席。开始觉得享受，过几天美酒佳肴吃了也不觉美，很想吃碗面条和稀饭家常菜了。由此回想到小时候生活在农村时，见为人家做工的一位名叫"嘟嘟振"的老雇农，他干完活，主家给他一大碗冒尖的饭和小块咸鱼或虾酱之类最便宜的菜下饭，看他狼吞虎咽吃得那么香，就体会到他这时所享的快乐。

  从自己的生活经历有所悟，所谓享受的乐趣，因情况不同是有变化的。我在阳江时吸两角钱一包那种烟的享受，高于在北京吸四角钱一包的"大前门"；从"牛棚"出来时自己做的那一餐最简单的饭，其享受的乐趣高于现在住宾馆吃的高级酒席，可知所感的苦乐是没有截然绝对标准的。

  我在离休之后，每天都伏案工作，清早起床就开始，直到深夜，除吃饭、午睡之外，很少想到休息，天天如此，从无假日——不给自己放一天假。近六年来，一年出版最多五本书，最少的也有一本。终日伏案，从不逛公园，很少看电视，不觉累，更谈不到苦，因为都是自己随心所欲去干的。画出或写出什么，自然觉得快乐，也轻松，高兴了还唱几句。

人的精神上的苦乐，看来也和口胃上的苦乐一样，因条件不同，爱好的不同，而各有别的。有人喜爱下厨房以烹饪取乐，也有人觉得是苦事一桩。闲来作画取乐，而为非自愿的应酬作画，便觉是苦。像这种种苦乐感觉，都是有相对性的。

从生活经验看来，有的是在外界作用之下苦乐的不同感受，也有决定在人，其中包括爱好与志向——他人觉苦的可以为乐，反之，他人觉乐的，可能觉苦。我想，有多年生活经历的不少人，会有此同感的。

二十年成果

外国驻华记者听方成讲幽默

从一九八二年开始专心研究有关幽默理论，直到今年（二〇〇二年），整二十年了。可以说是从不间断的。一九八三年春，已写成《幽默·讽刺·漫画》，发到三联书店出版。一九八九年，增补些内容，出版《滑稽与幽默》。一九九九年，写成《侯宝林的幽默》出版，这是借相声来谈幽默理论的。同年，又增补些内容，写成《方成谈幽默》出版。二〇〇〇年，借早年英国的漫画写成《英国人的幽默》，主要借此讲语言中的幽默。二〇〇一年，出版《幽默的笑》，是用自己运用的幽默技法，和幽默家的运用方法对照。二〇〇二年出版的《漫画的幽默》，是借用漫画如何运用幽默技法来讲幽默理论的。现在开始写一本便于译成外文的幽默理论讲义。

我为这项研究课题，看了所能得到的许多资料，有中国人写的和出版的有关幽默理论的书，有外国人写的文章和书本的译文和译本，还未曾发现有从实践出发来讲幽默理论的。我画漫画，写杂文，都有几十年经验。写过相声，还与侯宝林大师合写过一段。也写过喜剧小品和动画剧本,都演出过。还写过谐趣性的打油诗。我想从我自己的运用幽默实践经验所理解幽默的特性和运用方法,来解释幽默,寻出幽默产生的根源,以及进化的过程,由此对幽默的性质和运用的方法做理论上的阐释。

我研究的出发点是从人类的生活,从文化历史进化中,先找出幽默产生的根源,这样才能在理论上有充实的根据。从我所看到的种种资料发现,正是因为这些资料没有从这条路线来解释幽默,理论根据不足,很难得到令人信服的结论。

二〇一一年十一月三十日,为驻京外国记者讲幽默理论问题,廖星亮先生当翻译。

我的看法是,任何事物,都有发生和发展的历程,于是想先找出幽默产生的根源。幽默所涉及对象是人,在人与人之间,才会产生幽默。人和物之间是不讲幽默的。人与人交往,首先通过语言,关系最密切的,也是语言。所以,从语言出发来找幽默,研究幽默的性质,这条思路是我所采用的。

考察语言发展的历史,最方便的是从中国语言的发展来看,因为中国文化和语言发展的历史悠久,文化发达,语言进化。从幽默运用的经验可知,幽默的发展和文化的发展是同步的。文化愈高,幽默运用愈灵活,也愈巧妙。原始人的语言很简单。随着文化的发展,人与人间的关系变得复杂些,越来越复杂。人间交往要讲礼貌,说话讲技巧。一讲礼貌,讲技巧,语言使用变得曲折，变得含蓄。举最简单的语言进化为例。人体排泄，如今通称"上洗手间"，以前称"上厕所"、称"出恭""大便""小便""上茅房"……这不是文明进化的结果吗？语言曲折而又用巧，如相声《夜行记》说到一辆自行车"除了铃不响，它哪儿都响"，人听了就笑，理解说是一辆破车，总比直接说"破车"来得曲折有趣吧？因此人说这是"幽默"。

由此举许多实例，得出现在写出的结论：

一、幽默源出于语言。

二、幽默的特性是以曲折、含蓄的方式表达，使人领悟。

三、幽默有美感，是一种艺术，是语言艺术。

四、幽默的特性以及运用方法，可以用"奇巧"二字简括。奇是出奇，出人意料，巧是有理可循可理解；或出奇见巧，或巧得出奇，可理解。

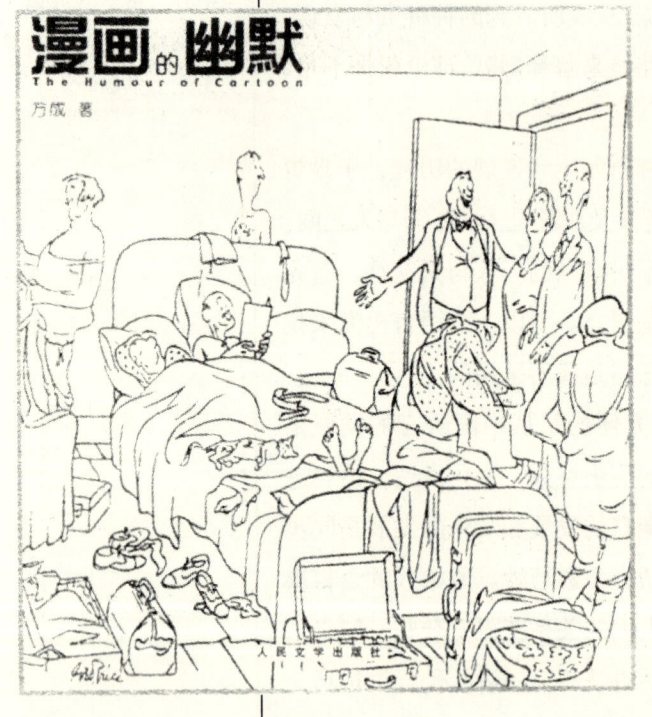

五、幽默是滑稽的，但不等于滑稽。幽默是一种语言方式，滑稽只是逗笑，不是语言。

六、幽默和讽刺在艺术方法上相通，幽默中可含讽意，讽刺一般也是幽默的，两者不能截然两分。

七、滑稽造成的原因，最普遍最常见闻的是不谐调，不相称；也是因奇巧造成。这是简捷的解释，有进一步论述。

八、幽默语言各国是相通的，但也会因文字和其他文化特点而有互难直译之处。

九、幽默可用文字、图画、表演等种种方式表现。

大抵如此。欲知详论,前面所提到的几本书中都有。

一九九二年,我应邀赴美国时,到哈佛大学和斯坦福大学图书馆查过,都藏有我出版的几本书,其中均有《幽默·讽刺·漫画》这一本。这本书初版发行数近三万四千册。以后出版的几本书,都只有几千册,书店里很难见到的。

从日记看生活

自从一九六六年"文化大革命"运动开始,有人带几个人来抄家,亏得我机警,把几十年前的一本日记故意随便放在桌上。他们只顾翻箱倒柜搜集信件、笔记,没把桌上的东西看重,这本日记逃过浩劫,不至于成为他借此批斗我的什么"黑"材料。那时随便一句话都能"上纲"到"反革命"重罪的。

一九八六年,我离职休养,又开始写日记了。写得很简约,只记日常工作和亲友来往等一些不会被人随意"上纲"的琐事了。现在翻来看,觉得还是有用的。年纪大了,多忘事,必需时有据可查。记不起是从几月几日离职的,姑从一九八六年九月中算吧,看那一段日子里,我是怎么过的。为简约,只录大要:

九月十五日,我应邀去天津,是随东城区检察院检察长去茶甸劳改农场参观,为那里工作人员作画相赠。十八日返京。

九月十九日,复印 Mordillo(莫尔迪略)的画(准备出版他的漫画集)。

九月二十日,写成香港画展前言(准备在香港举行方成漫画展)。写成《营养不足的皇帝》(一千七百字)。

九月二十一日,为写《漫画艺术讲义》查资料,复印莫尔迪略画稿。

二〇一一年十月在广东中山市举行方成、马得、韩羽、汝勤四人画展。

九月二十二日，继续为写讲义查资料。写成《莫尔迪略的幽默》。韩羽学生来谈创作事。

九月二十三日，校对《挤出集》抄件（将所写杂文辑之成集也）。

九月二十四日，为《健康报》画一插图，余小满约的。整理《挤出集》文稿，配三插图。

九月二十五日，《桥》编辑小方来，谈画稿标题事，应吕恩谊约去看海军画展。

九月二十六日，白天写《漫画艺术》讲义。

……

二〇〇二年，九月二十七日应邀赴嘉兴市参加那里主办的"中国嘉兴全国漫画邀请展"。

九月十七日，上午赴炎黄艺术馆参加"子恺杯二〇〇二年中国漫画大展"（开幕式）。继续整理幽默资料。

九月十八日，将已写的回忆录十九篇交温（小姐）去打印。

> 一年中如不出差，我在家是没有休假日的。

九月十九日，近几天，为写便于翻译的幽默论已写成三千三百字。写成《我认识的侯宝林》二千字。

九月二十日，写成《过关》一千字。

九月二十一日，修改《过关》。

九月二十二日，应小熊约，画一《钟馗》（旧作，题款）。

九月二十三日，去看望钟灵和谢添。

九月二十四日，继续写可译的幽默论，已写六千字。

九月二十五日，作一《钟馗》（旧作改）贺《酒泉日报》创刊十周年。四川万源市人（读者）曹澄因父病重，为其求画，作一幅花和尚寄去。写成回忆文《想起"牛棚"》三千六百字。

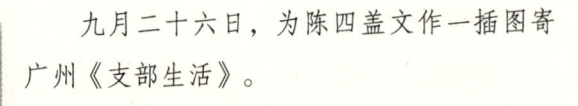

九月二十六日，为陈四盖文作一插图寄广州《支部生活》。

日记只摘录有关工作部分，余者不录，许多时间却都有事做，如一九八六年九月十九日访黄苗子兄请他写书名。十八日和十九日都有人来访，九月二十六日参加报社团委主持的节日联欢晚会。二〇〇二年所记那几天里，为参加在《中国日报》举行的"全国中青年漫画创作研讨会"，上午去，下午十五时才回来。九月二十日上下午和晚上三批人来访，九月二十一日去看望由美国回来探亲的朋友。二十二日有三批人来访。其中之一是来采访的，谈了一两个小时。二十四日有两批人来访，其中有两位是来采访的。

二十六日下午参加报社评选书画的集会。

从随便抄的这十几天的日记，便可知我自从离职休养后十几年来生活的大体情况。最近几年集中精力和时间写书出版。每天日夜伏案工作，但也常应邀到外地去。

如果说有什么娱乐活动的话，现在有的是摄影，也就是外出时喜欢拍些照片，和亲友相聚也常摄影留念。我的集相册已有近七十个，都是按日期顺序装好的。为这件事要花些时间，一是将照片一一装好，二是将合影照片加印寄出。往集相册里装插照片是要费点时间的，所以常是在有点空的时候才集中一起装上。有时失眠，就起床来装照片，装完困了，接着再睡。把合影照片寄出可就更费事了，要分别写信封，将照片装进去。有的恐邮失，需挂号，就得往邮局跑。因常整天不出门，有时连晴雨都不知道。近半年多，开始随人练晨操，才每天出门。电视有时也看，如世界杯的足球竞赛。天气预报我是不看的。再有一项娱乐是饭前喝点酒，配炒花生、豆腐干或开心果。一边看轻松的书报一边喝，等上菜吃饭。其他时间是不喝的，舍不得耗费时间。

我休息的办法是有时在床上躺一会儿，看看书。有时到商店里去买东西，让头脑放松一下，有时看看报。

倘有小孩子来，也会陪他们玩玩。我爱买玩具。我买的玩具最理想的是滑稽可笑，价钱不贵的那些。所以外出时，喜欢看摆小摊的贩子的玩具，那里有时能买到有趣的东西。

在前世纪八十年代，我常去深圳住一两个月。在那里可以看到香港电视，闲时就找那里播放的外国动画片，我把它录了下来，天天看那里的广播电视消息。我收藏了许多录来的录像带，和我的集相册放在一起，在书柜里占了不少地方。

这就是我离职休养后的生活概况。

方成世纪人生

人有所专、有所长是不想吹，也不用吹。好吹的多是浅薄无能或所长很有限的人物，以为一经自吹自擂，便会身价吹高，不同凡响。但言多必失，总会漏底闹出笑话。

高马得和陈汝勤

脚 野

一九八六年夏，按报社规定，年届六十岁职工一律离职休养或退休，通称"一刀切"。那年我六十八岁，是切迟了的。

我们美术组编辑人员，有的不时外出办事，名为出差，多是为编画刊去的。我专管漫画这一项工作，在离休前，平均四年出一次。报社有一年规定，每个编辑每年须出外一次，了解社会情况。这年已进入十一月，领导尚未通知派我外出。我看已近年底，再不出去今年外出无望，恰好此时《安徽日报》一位美术组的编辑将返安徽，他可以做向导。我便向新任的领导提出到安徽画些风俗画。他看我一眼，说："你急什么？！"我难得出去一次，又是报社规定要去的，已近年底，我怎能不急呢？有人和我不一样，随时可以外出，不但在国内，几次出国也是平常，这种人是不会急的。因是报社规定，不便拦阻，我就去了一个月，画了一些送去审阅，没用。后来为此有人说我出差是"游山逛水"。

自从离职休养后，我不受约束，经常应邀出差。二〇〇一年我外出次数最多，共二十一次，单是为参加会议，深圳就去了三次之多。出差全属应邀而往，旅费以及食宿都是邀请一方负担。在报社几十年，天天上班下班，工作，学习，开会，写思想检查，写检讨，作自我批评，忙个不了。想做什么须向领导请示，如今这一切都免了，自然精神放松，可以按自己计划

各有所失

做事。于是除作漫画之外，还写杂文，研究漫画艺术和幽默艺术的理论问题，编一些画集和文集。

也许因为我原是做化工研究的，有收集资料、做笔记的习惯，对研究工作有兴趣，也坐惯冷板凳的缘故，所以每天都在伏案作画或写文章，从事理论探讨，连传统假日节日都可以不休息的。平均每天总要工作八小时，只有出差才算可以放松休息一下，而乐此不疲。最近二十年来，我以传统人物形式作漫画，在艺术创作上循一条自己的路子。这些以水墨形式作的画，已捐送家乡广东中山市九十八幅。还有少数留作画展时用。这种画法具有传统绘画特色，有明显观赏性，可以在家里张挂。我已送了不少幅给亲友，报社许多同事有我送的这种画，挂在家里。

之所以能经常被邀出差，主要是因为作漫画，其次是作漫画和幽默理论研究，以及研究相声和动画，也涉及喜剧。都是和本身工作有关。

从一九八〇年我开始举办画展，各地美协分会要借去展出。有时还邀请去参加展出仪式，和当地漫画家见面、座谈。

二〇〇〇年春在廖冰兄家

那时我把展品交给美协展览部，请他们代理接受展览要求，邮寄展品。当时展览部主任是郁风同志。展出时我被邀去参加开幕式的，开始有广州，后来是深圳、香港、贵阳（和廖冰兄作品联展）、昆明、天津、上海和珠海（和江有生作品联展）。一九九二年去美国开会，还应朋友建议，带了二十几幅去展览两天到一周，带去的展品都是水墨形式的画。一九八〇去日本访问时也带过这样的画,在同行之间展示。在香港展出时,也到澳门展览,并与当地画家们座谈。

自从画了一些以传统人物画形式的水墨漫画之后,引起同行和其他画家们以及书画会组织者的兴趣,半身混进国画行列,参加展出,为此去过山东海阳、日照、潍坊,应邀去淄博市画瓷盘。

由广州日报举办的漫画展览在香港举行,我和王复羊应邀参加开幕式的活动。有一年全国美展中的漫画在长沙展出,我也被邀参加开幕式。

我记得的就是这些了。

一九八二年,老漫画家沈同衡发起组织中国新闻漫画研究会,他被推选任会长,我任副会长。研究会有工作活动,如举行画展,开研讨会,办漫画培训班,有时也在外地举行。有一次是在河南鸡公山,有几次在长沙,在宁波。后来为此去深圳、青岛,这时我已退职,任名誉会长。《人民日报》的神州书画院我先任理事,后任名誉会长,为此有时也外出,到过桂林、阳朔。前述漫画培训班设在北京,不需外出。

为讲学也是出差的原因。武汉大学新闻系邀我讲过半个月,郑州大学办过一次漫画专修科,我去

一九九八年在台北和校友赵耀东在一起

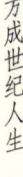

讲过一星期。在广州美术学院讲时去过一次，还有在芜湖安徽师范学院讲过，在海南海口经济技术职业学院讲过，记得在天津、沈阳也讲过。其他就不记得了。一九九二年在美国斯坦福大学为漫画爱好者讲过。二〇〇一年为驻北京外国记者约二十人讲过幽默理论和中国人的幽默。早年多次在大学中也讲过漫画艺术，但都在北京，不需外出。二〇〇一年五月，记协在成都办漫画培训班，我去讲过课。一九八六年在香港讲过漫画创作问题，但那是在开画展时顺便开的一次讲座，那次我是用广东话讲的。

因研究幽默理论并出版几部书，应中华喜剧美学研究会陈孝英会长之邀，在广州参加会议。在秦皇岛参加研讨会，共商建幽默城一事，在深圳参加南山区举办的研讨会，也为这类的事而来。

为艺术评选活动，我外出机会更多。除全国漫画展览评选在北京之外，其他地方报纸常举行漫画竞赛活动，我常被邀任评选委员，为此就常外出。记得到过大连、运城、宁波、新疆库尔勒市和乌鲁木齐等地。参加全国相声评选在青岛、天津、大连等几个城市。参加全国动画评选,同任评委的还有瞿希贤和于兰。

因写杂文,应邀赴海口市《海南日报》,同行的大都是杂文家,有蓝英年、陈四益、邵燕祥,此外还有漫画家丁聪。也去过扬州、镇江。参加《太原日报》的会议,顺便游壶口等地,同行者也是杂文家多,有舒展、蓝翎、邵燕祥、牧惠。应邀去青岛的同行有黄宗江、公刘、舒展、吴祖光、姜德明、冯英子、肖复兴等。

为出版我捐赠中山市的三百多幅书画作品的画集,我常去中山。为写书也在深圳住一段时间。今年(二〇〇二年)从一月至现在的八月初,我已经去过中山、深圳、青岛、南京、成都、海口、廊坊等多处。估计以后还要去几处,已经在接受邀请了。

我喜欢到处走走,俗称"脚野"。老蹲在家里伏案工作,很需要外出调剂一下,借此作短期休息,会会各地的朋友。有些作画题材是外出时所得,有些水墨画还是在外地画的,有几本书的大部分也是在外地写的。我在家里,经常每天要接十几次电话,常接见来访。外出可得一些心无外骛的时间,对写作很有利。

有人劝说:"你这么大年纪,还是少出门好。"我说:"趁现在能跑,多去几个地方。

脚野

一九九八年在台北访漫画家蔡志忠

过几年跑不动了,再不出门啦。"

　　还有人开玩笑,说我的写作计划已订到今后十六年了。如果老天给我这么多年,而且还许我动笔的话,我真想这么干呢。

一九九九年在武汉大学和同住一宿舍的校友黄孝宗在一起。美国登月所用的火箭发动机是他设计的。

忙人自话

我已经很久不爱看电视了。主要因为忙，顾不上。还有个原因，不耐烦广告的干扰。电视剧刚看到关节处，插播广告就突然出现，扫兴至极！可这些广告也会引人思索。

最常见的电视广告，一是酒，二是药。想来也自然：人活得有滋有味，就离不开酒。有的酒还带健身之功，助人长寿。万一生病，广告上的药品都说是一吃就灵的，祛除百病。谁不想在这太平盛世多活几年享享福啊！

人见我这么大年纪，能整天伏案工作，上街还骑车，常会问我有何养生之道。二十年前一位澳大利亚漫画家就问过。我回答说："只两条：一是多运动；二是万一想不开，别找绳子上吊，找杯酒喝喝算了。"现在人问，我改了说："就一个字：忙。"

在二〇〇三年十月之前，我所居宿舍很窄，整天忙着画，忙着写，星期日一样。

可不是我自己想忙，是不得不忙。因为，我虽然没学过画，却爱画，画的又是专门评议什么的漫画。看什么有趣就评，看什么不好，也评。有画家问过我这种画的特色，我说："你看什么顺眼画什么，我呢，是看什么不顺眼画什么。"因为我在报社工作，有针砭时弊的任务，漫画是干这一行的。干这一行，用文字也行，写出叫"杂文"，于是我也写。杂文和漫画原是近亲。我曾和同行老弟韩羽合填过一阕不大守规矩的《西江月》：

杂文不是漫画，
说来本是亲家，
别看篇幅不大，
人们偏爱看它。
一个圈圈点点，
一个勾勾画画，
一样菜两样做法，
味道酸甜苦辣。

这么一来，我和写杂文的朋友又结上亲，不时要我配插图。漫画和杂文都短小精悍，是报纸期刊之所钟爱，于是又和那里的编辑们也结上亲。和他们打交道，谁能闲得住！因此，伏案动笔之外，还得跑邮局往外发送。作品多了，辑之成书，给亲友寄须包装一下，也都自己动手，邮局跑得更勤。为省时间，出门骑上自行车跑，使我成了手脚不停的全忙户。这正合乎我先前说的养生之道第一条。俗话说："谁家都有一本难念的经。"人一忙，就顾不上去念了，这又合乎我后来说的一个字。我是有五十多年烟龄的老烟客，每天一包，二十支。一忙，也顾不上，三五支即可。医生赞曰："好！"

和我一样工作几十年，退休下来的同志，无事可忙，有的成天坐在院子里发呆，出门没人陪是不会自己走回家的。人不忙，手脑一停，就不灵了。由此想到，老年妇女一般比男的长寿，她们家务忙。养花上瘾，养鸟成天遛鸟的，男人也会长寿，他们各忙各的。

写到这里，已成篇。闲下来，点上一支烟，吸到一半，又得忙别的去了。

在 美 国

美国我去过两回。头一回是在一九九二年。那时,美国幽默杂志《幽默世界》主编约瑟夫·乔志·扎伯邀我为该杂志的中国编辑。他曾邀我和他一起去日本、南斯拉夫、澳大利亚等地开会。因旅费需自备,我没去。一九九二年邀我去美国费城,我就去了。因为我有很多亲友在那里,花旅费去见见,很值得。

听说从香港走便宜,就拜托刘济昆老兄替我买机票。我住在深圳家里。去美国的往返机票买来,是济昆儿子刘敦送来的,我拿出钱给他,他不收,说:"我爸爸说,是送给您的。"

中国人要去美国,必须办几样手续。对我来说,首先有从美国来的邀请文件,其次要有住在美国的亲友的经济担保书,其中包括亲友的身家财产的数字,有我准备居住的地方。我是通过伯父之女、堂妹孙美爱请堂兄孙锦山办的保证。他在旧金山附近的二阜(萨克拉门托市)经营蔬菜水果的冷藏库。

动身之前,我本来想先到张荣善家,他在美国西部旧金山,已经写信说了。还告诉他说我有个朋友徐孜在纽约,也通知徐孜,我要到荣善那里。还把他们双方的电话告诉他们两人。荣善问徐孜,有无可能让我在纽约开个画展。她因此要我带作品到纽约。

七月二十七日从广州乘西北航空公司飞机到香港,不出机场,坐等到第二天,办好飞纽约的乘机手续,九点多起飞,到日本换乘下午两点多的飞机飞纽约。飞了十三个钟头到纽约。徐孜和一位男人迎接,和她同来的人把我的画取走。徐孜送我到她家。她丈夫是美国人威泽厚先生,从事经济工作的。夜间他们一定要我在他们的床上睡,他们两人在厅里沙发和地板上睡。她关照说,明天开画展,画如有人想买,可以卖,但价钱一定要高,宁可卖不出。第二天,画展在宏泰旅行社楼上开幕。我带来的水墨画只有二十一幅,开幕式却很隆重。主办单位是旅美北京联谊会和陈氏集团。由陈威廉先生致辞,王家栋、林慧生等四位领事(领事馆人员)剪彩。会后到中山同乡会,见到李华炳、古寿耆先生,同去饮茶后返徐孜家。我问徐孜:举行画展需花很多钱租场地,还要做广告,也需花钱,又要费时费力,你怎么办得这么利落?她说:有人欠我钱很久没还我,我就托他办这画展清账了。

次日,定居纽约的老漫画家麦非兄扛着录像机来录像。这时美国中文电视台记者王艾冰小姐和杜敏先生也来录像。

七月三十一日下午,画展结束。中文报纸都有报道。曾有美国记者向我采访,我只见过一家美国报上有报道。

麦非和我同去徐家,陪我到火车站乘车去费城。车票是威泽厚先生送的。威泽厚已为我打电话到费城订好出租汽车在火车站等我。我一下车,那汽车司机手拿着有我名字的小卡片向我走过来,我就乘他的车到《幽默世界》编辑部见到扎伯先生。在他家住几天。我们只是见见面,彼此熟悉,没细谈杂志的事。他独自办杂志很辛苦,组稿、联系、做广告,看来都是自己干的。家里孩子也多,好像有五个。

八月一日,刘鸿英丈夫阿方兹·廉杰尔应扎伯之邀开车来,接我和在此进修的王小慧小姐到艺术家赖特家,看他满屋的大型木制及绘画艺术品。我为他，也为廉杰尔画像。他也为我画像、为小慧画像。午饭后，廉杰尔带我游费城。傍晚扎伯带他的孩子们与我同去打小型高尔夫球。

八月二日下午，乘火车返纽约。麦非接我去他家住。四日买娱乐旅游公司一日游的票。五日看自由神像、世界贸易中心和自然博物馆。路过洛克菲勒中心看到林肯艺术中心。

想顺便去法国，徐孜为我办手续几次，未成。

八日，上午我去买到波士顿的火车票。下午，徐孜取来她唱古曲的录音带，我们转录。

十一日九点多，乘火车去波士顿，下午二时到达。张钦哲张潼父子来迎，住他们家里。已约好在这里开画展。十二日，到中华文化艺苑看展厅，《舢板》杂志陈小慧和罗伯特·马勒来采访。下午张潼带我去哈佛大学中文图书馆参观。我查书目，有我三本书：《幽默讽刺漫画》《方成作品精选》《方成漫画选(川版)》。又参观大博物馆，是晚上去的，晚上免费。

十三日，钦哲带我去买赴旧金山机票。七时在中华文化苑开座谈会，大约二十人。波士顿市立图书馆王瑞士拍照。

十四日，张潼陪我参观麻省理工学院。

十五日，钦哲夫人朱纯华陪我参观哈佛大学博物馆，内藏空前绝后的玻璃所制植物和昆虫标本。

二十日，画展结束。下午钦哲全家送我到机场，乘机飞旧金山(中途曾换机)，张荣善兄开车来接。住下，潘宝琼在家。

我接阎振华信，约我九月十五日去他家。

二十三日，表弟方癸登约往方日桐舅家。荣善开车带我去。

二十四日，应邀到李杰民、严宝玉家。饭后，日桐带去中山人的"积善堂"。见世界戏院经理温大川等。温带去饮茶，游金门大桥、艺术馆。

二十九日，为祖舜的画廊作画。毛莉莲来，与雷祖舜同赴荣善家宴。胡其安夫妇同席。宝琼演古筝。

三十日，荣善带我去参观加州伯克利大学。晚，孙国华约明日去他家。

三十一日，荣善送我到车站乘一列车到国华所在的弗利蒙特。国华父子与他姐姐来接。顺路参观著名的斯坦福大学。我查书目，见有我三本书：《幽默讽刺漫画》《方灵漫画选》和《方成漫画选(川版)》。

九月一日，参观天文台和大百货公司。晚接荣善电话：报社寄来批准赴巴黎开会书和我两位堂姐约三日下午去吃饭。

九月二日，孙国华一家送我一千多元后，三人送我到车站到方日桐家，荣善来接我返张家。

九月三日，和堂姐会面后，六日，由美爱之子开车，和荣善同去看伯父旧居，在乐居小博物馆见华人欢迎蔡廷锴的合影像，其中有幼年时的美爱。八日，荣善带我到二阜附近考尔特威，看望祖父、伯父的小杂货店。

十一日，由胡其安来安排，在加州伯克利大学开小型画展和座谈会。

九月二十日，飞洛杉矶，住癸登和大舅母家。见到表妹二妹和三妹、二舅母、筱玲、心美。

九月二十四日，游影城好莱坞。

九月二十八日，下午返香港。

九月二十九日，和刘济昆会赵世光、尊子、柯文扬。三十日，访黄永玉，会杨奇、张同、马龙、阮治中、潘际炯。

十月二日，会高旅、郑家镇。参加美术界的酒会。四日，参加作家们周日例会。五日，返深圳，就在深圳住下。十二日，返北京。

在美国（第二次）

美国天普大学传媒学教授兰特博士专门研究世界各国漫画艺术发展情况，到各国访问，会见漫画家们。到北京、上海、广州见到我国许多漫画家，都曾推荐我，并和我一同去新加坡、马来西亚参加漫画艺术讨论会。

二〇〇五年十月四日，依兰特教授之约去美国参加美国国际漫画艺术年会。过去我没参加过国际会议，毫无经验。在新加坡、马来西亚会议上，我看到参加者都用电脑投影和用透明塑料片投影，显示发言内容和图片。回来后我才开始准备这些东西，后来去美国就带上了。

由兰特教授（夫人许颖）安排和徐孜的建议，我在十月四日乘机，飞十三小时到达纽约，徐孜接我到她家。她丈夫威泽厚先生和十三岁的女儿乐乐都在家，乐乐烤点心给我做午饭。晚上住下。次日上午，徐孜陪我乘车到费城。兰特教授和许颖来迎，再搭他们的车到他们家住下，徐孜即返纽约。

十月七日上午，兰特开车，带许颖和我去费城传媒学院。我给美术系一班学生讲授幽默和漫画艺术；许颖翻译。讲了一小时。学生们提问多。学校事先准备不足，临时才来电脑和屏幕，误了一些时间。讲半个多小时后，一部分学生不得不退出，赶去上他们下一节课。有一学生把我的光盘借去复制。

十一日，到天普大学为兰特教授的学生们讲幽默原理。徐孜一早就来听讲。她说:"许颖译得很好。"

十二日上午,一印度漫画家来采访。下午兰特用车送我们行三小时到华盛顿,住宾馆。十三日,参加在国会图书馆举行的"美国国际漫画艺术年会"。会上听讲时,许颖不便翻译。十四日,由我主讲。我讲的是中国漫画的特点,示出图像。讲完我就随许颖返费城。兰特回来晚,他向我说:会上人们对我介绍的中国漫画很感兴趣,可惜找不到我。

十六日,麦非接我住他家。下午徐孜来畅谈。

二十七日,杨丽庄(大舅义女)借辆小车送我到机场,乘机飞洛杉矶。机票是徐孜送的。二妹、三妹锦泉来迎,接到锦泉三妹家住了几天,去参观赌城。住宾馆很贵,每天宿费四千五百元,一切都是由三妹操办的。

十一月七日,乘机飞返北京。

回忆:在美国,我走到哪里,乘公交车,售票处对老人都优待。记得在纽约乘汽车,票价一元,我只须付两角五分。乘地铁,票价一元,我只付五角。在西部沿海乘列车访孙国华,车费十六元,我只需付一元六角。我从纽约赴波士顿,买火车票,售票员先问我,您多大啦?我没明白,他接着问:"到六十二岁吗?"我说:"我七十二岁。"他这才告诉我票的价钱,显然是优待价。他并没问我是哪国人。

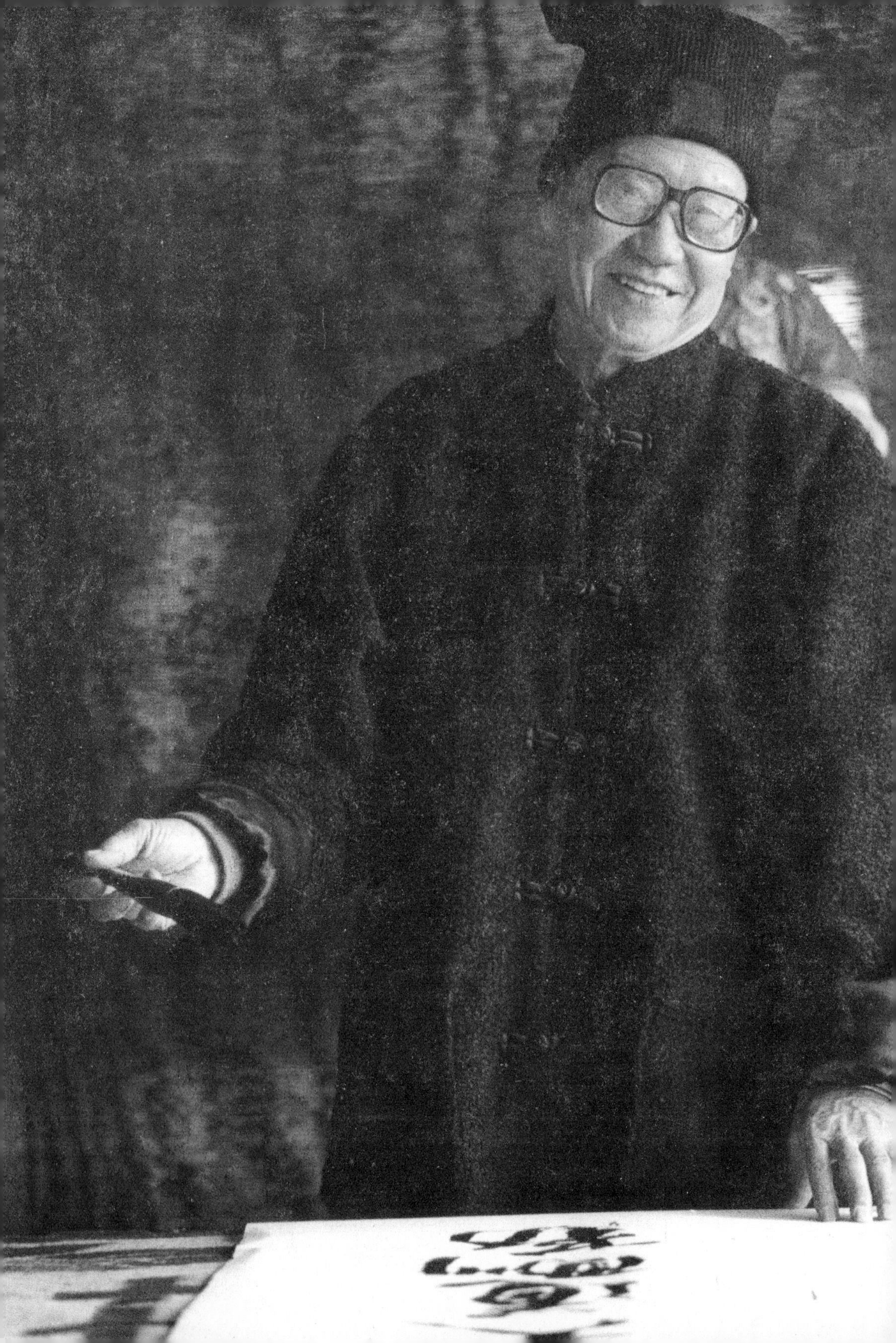

画忆平生

记得是为答记者问，我写过打油诗：

  生活一向很平常，
  骑车画画写文章，
  养生就靠一个字，
  忙。

如今我已退休，耄耋年华，还要忙下去：一为解闷，二为养生。我以画为生六十年了，画的都是身外世事，现在想回顾自身，借画笔记下来。

一、家父在北京工作，那时称北平。但我童年是在祖居广东香山县度过的，今称中山市。在南蓢镇左埗村生活五年。那时的事我还记得一件：

我到村里小铺打酱油。走回路上，一位大叔指着我说："看哪，你那瓶底是漏的。"我一听，赶紧翻过瓶底看，酱油打瓶口漏出，洒了一地。

二、村里常有生意人来。有扛着布卖的，有耍猴儿的，有看相的。一天，看相的走到我家门口，指着我对我妈说："这孩子，败家子相。"我妈怕花钱，不理他。过几天，另一个看相的看我也这样说，我妈还是不理他。

后来我父亲知道了。在他被裁失业后，就不想要我继续上学。我叔叔不同意,他供我上学。

三、广东一般人家就是一座房子。有三个门,靠外的是半身高的薄木门,中间的是大约十根圆棒横排制的,叫"搪笼"。我曾在夜里从搪笼钻出来到夜校里偷看。我在别人家里,见墙上挂的山水画,看来有趣,走在路上,就学着在墙上画。画四下就画出房子,画一下弯的就是山。

四、我九岁回到北京。我家搬到北京西城礼路胡同时候,我插班上小学四年级。学校在临近的记得叫帅府胡同的铭贤小学,是英国基督教伦敦会办的。主持教师密池教士,我们喊她"密教士"。她教图画、手工和英文。我最爱上她的课。课本是英文原本,插图很精美,我常临摹。我最爱和同班的梁启永在一起。他会说孙猴儿和猪八戒的故事。

我父亲见别家小学生会看《西游记》,就买过一部给我看。我翻开看了一篇,看不懂,就扔下了。后来知道启永讲的就是

《西游记》的故事，我找回《西游记》多翻几篇，才见到有插图，插图后面写的我都看得懂。原来开始我只看那篇序，是文言的，我看不懂，就以为后面都是一样，才扔下不看了。之后我天天看，看得上瘾。看完了就到"西安市场"小书铺里换武打和有趣的传统小说看。《三国演义》《水浒传》《聊斋志异》《七侠五义》《济公传》等等，都看遍了。

五、一九三一年我家搬到西四牌楼路东不远的大拐棒胡同一号楼上，楼下住的是陈家。那年我在祖家街的第三中学初一年级。每天一早在家里就听到吆喝："三角……馒头。"上学家里给我一毛钱，合二十四大枚铜板。在附近"西安市场"门口喝一大枚一碗的豆浆或杏仁茶，两大枚一套烧饼果子。中午在学校附近小饭铺花二十大枚吃一盘烩饼，喝碗高汤解决午餐。

六、北京走街串巷卖零食的多，有卖蹦豆儿（烤豌豆）的、卖熟芸豆的、脆枣儿的，等等。卖半空炒花生的，很便宜，又好吃，我最爱吃了，常惦记。平常爱玩的就是和同学在一起弹玻璃球儿。都是玩真输赢的。

七、"西安市场"里有小书铺、小茶馆。中间空场里有卖种种小吃的：耙糕、凉粉、豆腐脑、炒肝儿、凉粉、冰激凌、刨冰等等。有摔跤、打弹弓、变戏法、说书、说相声、唱戏等种种曲艺和杂技表演。我常去看，有时和弟弟去听说书，听说杨家将的。下午放学，路过市场就常进去转转。后来我终于放弃大学四年和研究所干了四年的化学专业，改业从事漫画，就受这种"市场文化"的熏陶有关。

八、我十三岁上初中，贪玩，上课只对生物、地理这两门课有兴趣，因为做笔记都画插图。有时画得上瘾，顺手画老师。有一次被生物老师发现，从后面走来，把我捉住。要我下课到休息室见他。我胆战心惊地去了，以为要受罚。不料他很和气，把画还给我,说画得还好,但不许上课画画不听讲。

九、我上到初中三年级,父亲见我爱画,就拜托同事,也是画家胡佩衡先生带我到著名画家徐操(燕荪)先生家,拜师学画。他交给我一幅他的人物画要我带回家临摹,画好下周日上午还他。他看了我临摹的画,就此指点。要我再临摹另一幅,下周日还拿到他家指点。以后我每周日上午就自己去了。不料两月后我父亲被裁失业,我学画中辍。但由此我学会用传统绘画描线技法作画。

十、一九三五年十二月,北平发生学生运动。那是为反对国民党与日本勾结,妄图实行所谓"华北自治"的阴谋。大、中学校学生组成"学联"进行抗议,游行示威。国民党军早已南撤,由二十九军保安。九日游行时遭二十九军保安队用高压水龙和大刀镇压,多人受伤。我在学校正读高二,负责宣传工作。同学知道我会画,分派我画宣传画。我参考上海出版的杂志《上海漫画》画了几张,送到"学联"去。如今我还记得贴在学校大门外的那张,画的是一把二十九军用的长柄大刀,那刀上鲜血淋淋,标题"中国人的刀,哪国人的血?"

十一、一九三六年我高中毕业,投考三所大学:燕京大学、武汉大学、河北工学院。我投考燕京为学医,但只此校未能考取。我考入武汉大学化学系,以为可学医药。不料只教无机化学课,和医药不沾边。投考武大那天,上午考过,同乡叔母邀我到他们家进午餐。叔母强我等候炖鸡熟透,不许早退,误了下午进考场时间。幸遇来监考的是我的中学教师,破例许我进场,才能使我顺利考入武大。

十二、一九三七年日本大举入侵。武大被迫西迁四川乐山县。我回家乡度假,学校准我停学两年,在香港大舅家住过。一九三九年我从香港经安南到广西柳州,由二哥安排乘车返乐山回校复学。和同学季耿合办壁报。他知道我画过漫画，就安排我负责漫画稿。不料全校无人会漫画，我只好自己画。壁报出了两年多，我每周必须画一幅。由此学会漫画创作。

十三、那时我所作漫画，题材来自学校生活。那里臭虫、老鼠多，生活无经济来源，自然会成为漫画议论题材。我用笔名利巴尔。

十四、一九四二年我大学毕业，进附近五通桥黄海化工研究社，研究四年。期间曾见来参观的冯玉祥将军。我出实验室画他速写像，和他同来的是我二哥的同学，他要我把速写像送给将军，带我去见他。他见了速写像很高兴地说："我也给你画一张。"这画我已送给中山市博物馆。

十五、一九四六年，我借调到"永利"公司，和郭小姐相识，她是工程师的妹妹，暂住兄家。见她仪表好又会画，懂粤语，外文系毕业生。其兄嫂外出时，她就约我去谈天、画画。外出远行必要我陪她，我动心了。后终失意，我困扰情急，决意远离。那时入侵日军已败退，我在乐山能见到上海报纸，上有米谷、张文元、丁聪的漫画。我就决心奔上海，凭漫画投稿为生，立即搭水利公司便船出发。

十六、到上海，先暂住朋友家。见报上某广告公司征聘绘图员广告。我一早去应聘。公司绘图室主任是美籍，要看我画。我画出漫画人物，他决定收容。于是有宿舍，就有作画条件，立即创作漫画投稿，报刊

均采纳发表。时值国民党与共产党联合抗日后期，报上发表漫画，上海国民党当局不便干涉（在国民党统治下，其他时间报纸平时不见漫画发表）。这是在解放前我能发表漫画的两年。

十七、报上漫画均为社会生活题材的，以前我没画过，无创作经验，所以开始我所作的多是表现故事的连环漫画。

十八、后来见到米谷他们的作品，便以此为鉴，很快学会作单幅时事讽刺画。

十九、一九四八年国民党军内战溃败，在上海进步画家避险纷纷移居香港，我去了。只能以幽默漫画稿费为生。漫画《康伯》就是那时所作。

二十、此时和端木蕻良、单复相识，在九龙荔枝角九华径村住。那时流落香港的一批进步文化人士楼适夷、张天翼、臧克家、蒋天佐、黄永玉等，我二哥孙顺理、四弟顺佐也迁来了。我和端木三人合住一家，吃稿费，自己动手合备三餐，天天游泳，端木只会划船。过得十分潇洒。一九四九年新政府建立，我们即返北京。

二十一、一九四九年新中国建立。我们三人同赴称为中国漫画摇篮的上海。不料因船进口受阻，我们退出。一月后另乘去北京的船。过天津，随众乘客赴北京。抵京又同受国家对外文委盛情接待。后才知道，那批乘客是停留在香港的民主人士。我与端木三人也是进步作家与画家，就和他们是同志了。

二十二、到北京，端木介绍和王亚平同志相识，他正准备进《新民报》任总编辑。一九五〇年，我跟他去《新民报》任美术编辑。在我编副刊时，我创作一组儿童诗画《王小青》在报上连载。

二十三、一九五〇年冬，我和同事张其华人设在灯市口的俄文夜校学俄文，与同学钟灵、邵燕祥交好。钟灵来自延安，曾发表漫画，由此我们两人开始合作漫画，发表在《人民日报》上。我们的第一幅作品是《谁是多数？》，署名"方灵"。

二十四、我们美术组约六七人，组长华君武，他安排我负责漫画稿件，也创作。组员多是二十岁上下的共产党员和共青团员。我大学毕业多年，被划为资产阶级知识分子，一生资产就是每月工资。常进行学习，阅读《干部必读》几部书。常开会讨论，每周安排两个下午在会上进行揭发、批评与自我批评。我勤学，休息时常做笔记。

二十五、时值朝鲜战争，报上不断有评论。漫画也是作评论的，也常发表。开始我与钟灵合作，两家相距约二十分钟骑车路程，合作漫画都是在钟家。不料四年后，他家从中南海北迁到后海北官房胡同；我家从万庆馆胡同南迁到前门外华仁路，相距远多了，很难在一起合作，我只好自己画了。

二十六、钟灵和画家许麟庐相识，和我同去拜访。许先生盛情接待，并教我们画传统国画。

二十七、政治运动："镇反""肃反""三反""五反""反右""反右倾"等等，我在一九五七年发表讽刺杂文《过堂》，不料发生"反右"。于是有人说是右派作品，要划我"右派"，文艺部主任华君武、袁水拍不同意，只记在本子上。

二十八、华君武调到美术家协会任秘书长后，新组长是年轻共产党员。一九六六年发动"文革"政治运动，以执行"资产阶级反动路线"罪名，批斗各部领导，划为"牛鬼蛇神"，押进"牛棚"，监督劳动。我因发表杂文《过堂》被以"漏网右派""反动文人"的罪名对我批斗。只斗一回，估计是因说不出道理，草草收场，押进"牛棚"，连同我全家在一起，强迫我到处流放、劳动达十年之久。在《北京日报》的我妻子——漫画家陈今言，也是党员，也挨批斗，和我一起监督劳动。她担心幼儿无人照料，终于忧愤病亡，年仅五十三岁。如我不遭难，她是不会这么早就死的，我不会家破人亡的。

二十九、一九七六年改革开放，"文革"告终。我得平反，恢复原职。我即离开美术组，转到国际部。回想"文革"所遭苦难之因，遂创作漫画《武大郎开店》。

三十、我到华君武家，将漫画《武大郎开店》带去请他批评指正。画中门旁对联原写的是"生意兴隆通四海，财源茂盛达三江"。他看了认为太一般，不如写成与画的内容相合的。我回家想了四天，仿刘禹锡《陋室铭》句，改写为："人不在高有权则灵，店虽不大唯我独尊。"加横批："王伦遗风。"

三十一、获国际部主任袁先禄支持，我得两三个月休假，筹备我的漫画展。展品需画大，就用传统水墨画法复制漫画五十张，新创作漫画五十张，均用彩色。

一九八〇年八月，我在北京中国美术馆举行《方成漫画展》。天津电台播出高唱河北梆子《武大郎开店》。各地有人来参观画展。《工人日报》编辑徐进同志借去此画未着色原稿，和画展评论同时见报。《人民日报》也发表这幅漫画。各地报纸发表画展消息和评论。画展一结束，展品就被山东美协毛云之同志借去，在济南展出。各地美协纷纷来借取展品，在广州、

下海暮暮朝朝薄利多多销一多为才多用多脏者多劳多盛至方并题 九三年夏

南宁、天津、成都、重庆、贵阳、昆明等十几城市巡回展览。一九八六年在香港展出,也常发表漫画《武大郎开店》。画展先后在北京举行两次,在天津三次,广州两次,深圳两次。

　　三十二、一九七九年一天,相声大师侯宝林来,提及有些演员不大懂幽默,问我:"幽默"在理论上如何解释?我说不出。他说:"咱们都是从事语言艺术的,最讲究幽默,应该知道幽默到底是什么。"我说,去查查。就开始去查书。查各国《大百科全书》和有关文件与论述。先查《辞海》幽默词条。写得很含糊,不对。其他书籍、文件的有关论述也一样讲得模糊不清。

　　三十三、我只好凭我几十年创作运用幽默的经验所理解"幽默"这个词的含义和运用方法,用小品形式讲解,在报纸上连载。后辑之成书出版,自一九八二年至今,已出版十几本。

　　三十四、一九八〇年日本漫画家代表团来访。其中一位送我一幅速写画。我需回奉一幅。因从未画过做赠品的画,画得很吃力,为此我开始用传统画法,摸索试作两幅《水浒》人物:鲁智深和李逵。因从无经验,画得不准确,每人都画过一百多张,才逐渐画得像样。宣纸花费不少。

　　三十五、我一九八六年离职休养。天天用电脑写,想到什么写什么,一为解闷,二为健脑养生。

　　三十六、我为报社休养所作一《卧僧》,题曰:"笑一笑,十年少,闲事少理睡一觉。"亦养生之道也。